张萌 ▷ 著

引爆
视频号

打造个体经济时代的
核心能力

北京联合出版公司
Beijing United Publishing Co.,Ltd.

创业就是
一次人的争夺大战

兵家作战，讲求"天时、地利、人和"《孙子兵法》始计篇即讲"故经之以五事，校之以计，而索其情：一曰道，二曰天，三曰地，四曰将，五曰法"。

2013年是我创业的第一年，从线下开始做，拼命地布点，就是为了找到适合的"人"。通过线下论坛，大型会议，进入高校、企业等，找到我们的客户，直到2014年开始布局线下创业连锁咖啡店，同样是为了找到我们的用户，即对职场晋升有明确的需求且愿意为之奋斗努力的青年人。2015年我们的创业连锁咖啡店开起来了，然而我却很烦闷，这条赛道盘踞了太多大型连锁机构，而这些机构的负责人，都是在中国改革开放时期崛起的中国企业家，他们勤奋苦干，智慧英勇，在这条赛道奋斗多年，有着丰富的斗争经验，而一个新品牌崛起何其之难！不仅如此，大量的线下门店亏损倒闭，人去楼空，而在 2015 年直播经济兴起，互联网零售已经全面登上中国历史舞台。

那个时候，我做出了一个近乎"杀死自己"的决定——关闭所有门店，专注做线上业务。刚开始线上小组只有 5 个工作人员，每天工作时间是从下午开始，到后半夜结束，我们没有老师，没有主播，我就亲自当课程讲师或是卖货主播，做完销售后，团队开始做数据分析。让我们惊喜的是，2015—2016 年，这项业务仅一年时间就被催生出来，并且迅速成为全国领先的头部品牌，张萌萌姐的个人品牌，也开始收获她的第一个 20 万粉丝，以及 10 万个付费用户。

布局知识付费的音频赛道并成长为其中的头部，我们仅用了不到两年，后来我们又开始专攻以文字赛道为代表的畅销书领域，在我之前出版了 5 本不成功的书后，第 6 本书借着互联网的影响力，跻身为当年全国五大励志书籍之一，并陆续 5 年保持头部领先，我也连续斩获多年的"全国影响力作家"称号。

从 2016 年开始，我们专注研究供应链，尤其是美妆护肤以及食疗美容这两大方向，3 年时间研究了近万款产品，合作过 3000 多个品牌，我们认为一个用户与你发生的交互关系（经济学中称为"梅特卡夫效应"），不仅可以有教育品类（无形产品）的关系，当然也可以存在着有形商品的链接形式，一种全新的"左手有课—右手有货"模式，能让一个 IP 保证近乎 1:1 的盈利空间，这极大程度地发挥了人的协同性价值。

2018 年年底，我们在全国招募了百位创业者，开始与他们测试教育品类的可复制性，在教育品类盈利的前提下，2019 年年底开始加入电商产品。让我们惊喜的是，这种"左手有课—右手有货"的模式，一定程度解决了教育 IP 收入不足的问题，以及电商 IP 团队带领问题，这是一种创业教育的创举，也是我们花费大量的时间在模式上探索与深耕的原因所在。

这些创业者将过去在公域流量池，如微博、抖音、快手、小红书、今日头条、百度百家号、一直播等平台积累的粉丝大量转移到私域流量（微信）中去做转化，拉新在公域流量，而转化在私域流量，成为互联网创业者的标配。

这一切转化模型都在良好地运转，直到 2020 年 6 月 22 日，"微信教父"张小龙发布了一条朋友圈，"2 亿，是个开始，mark 一下，因为再不 mark，很快就到 3 亿、4 亿了……对了，我说的是微信视频号"。这是微信将其强大的私域流量，第一次转化成公域流量的重要契机，而这一举动，将逆转整个互联网创业者的生意逻辑。

读不懂视频号，你就等于放弃了 11 亿日活用户、12 亿月活用户的中国最大社交媒体，无一例外，诸多社交新零售的从业者，如果不花足时间去学习微信互联网，就无法成为这伟大中国经济发展史上的赢家。

看懂这个机遇后，从 2020 年 6 月 22 日开始，一周内我迅速找到近 50 位业内专家去分析沟通，并同步开设"张萌"的个人微信视频号用于模型测试。摸准算法，找准规律是任何创业者行动的前提。3 天内我的粉丝过万，7 天内粉丝过 2 万，15 天内粉丝过 3 万，21 天内粉丝过 4 万。其中我发布的视频号作品中，有 3 条内容播放量破 99w+，这是微信视频号目前能显示出的最高播放量，并且 80% 的内容都是 10w+。不仅如此，我将自己理解的内容迅速复制给我们旗下 1000 位的创业者，并开设了第一期"视频号实战训练营"，这 1000 位同学的视频号在两周内最高涨粉近 2 万，播放量高达 30w，他们都是互联网内容创作的小白，居然可以在毫无经验的情况下，在这个领域快速习得视频号技能，并一直都能做出爆款！我惊喜不已，除了开设视频号线上实战训练营，我们作为第一个开设视频号实战训练营线下课的教育培训机构，开始助力内容创作者从零到一做好视频号。我们又开始创造性地开设视频号商学院私董会，号召行业内的企业家集体做视频号，以公司为原点建立矩阵，将视频号商业化布局在最前端。

任何新事物的出现，都会推出一拨新人，也会淹没一些旧人，这就是规律，也是我写这本《引爆视频号》的初衷，让能看懂的人，从另外一个角度重新理解互联网机遇。助力青年成长成功是我创业的宣言，也是我每日每夜的坚守。

是机遇，就需要那些能识破且能看懂的人来把握。我曾经在课上说，视频号也许是近 3 年互联网流量战的最后一次争夺战，能赢的人或者机构，可以坐稳 5 年互联网江山，更重要的是，一些赤手空拳的创业者，可以借由这次流量战，形成自己的创业壁垒，这无疑是一次绝佳的机遇。

机遇在等那些能看懂的人，希望你在读这本书的时候，也能如我一样，热血沸腾。

看得见的未来，
看得到的大多数

这是一本带有清晰社群基因的视频号图书，既能见未来，亦可见众生。

这是我对张萌的这本《引爆视频号》最直观的感受。站在 2020 看 2021，我曾经说过 2020 我看到了勇敢的自己，2021 我看到视频号的未来是星辰和大海，一个前所未有的人人都可以创作的时代即将到来。现在，透过这本《引爆视频号》我看到了视频号未来里的众生。见未来是一个内容输出者的直觉，而见众生则来自一个陪伴者的践行过程。

张萌是一个做社群运营的高手，她的青创营，她的萌芽计划，一直到现在的视频号实战训练营，她在社群这条路上越走越精彩。这种精彩不只是惊人的变现能力，更在于她对于青年小微创业者的强大助力。正因为和社群成员的这种守望相助式的互相成就，她的社群运营才能得以持久，才能精彩一日胜过一日。我想她的这本书里浓烈的社群思维的基因也正是得益于此。曾以为张萌只是一位高产的畅销书作家，再不然就是一位成功的高颜值讲师，经常会在各种平台上见到她的作品和课程。直到前几天在她办公室深度聊合作，以及十点视频号创作者峰会上分享，细谈之下才明白写书、讲课于她而言不过是经验的萃取和复盘的过程。她对自己的定位则是小微创业者的陪伴者，我曾问过她："抛开身份不谈，你觉得自己是一个什么样的人？"

她的回答是："我其实应该算是一个具有利他精神的创业者。"

这话坦诚、实在，就像她的形象一样——干练，毫不造作。虽然认识不久，但我已经被她的知识体系和人格魅力所折服。而具有利他精神，正是一个好的社群运营者主要的精神内核。通过成就众生来成就自己，也正是她一直在做的事情。现在她把这种能够见众生的社群思维的精神内核又带到了这本书里，正好社群思维也是每一位视频号创作者所必备的。

视频号创作者对于社群思维的需求由视频号本身的传播机制所决定，这也是视频号基因当中不可或缺的一部分。内容传播如此，起步阶段的冷启动更是如此，所以把社群思维融入视频号的操作指南当中你可以说是机缘巧合，我则认为是高手做事的内核同频。

这本书能见未来，体现于开篇的关于风口的洞见，张萌是对视频号未来很笃定的少数行动派之一。就像她说过的那句话：看不懂的赛道蕴藏着看不到的红利。

这句话反过来理解就是，想要获取红利，首先一定要看懂你所在的赛道。而看懂赛道需要的就是这种看懂趋势的洞见能力。所以，她开篇讲的并不是技法而是趋势和见识。

这本书能够见众生，因为她是一个具有利他精神的创业者。懂得要想成就自己必先成就他人，满心满眼都是她想要成就的人。所以她的第二个着眼点是努力讲清楚视频号的内在传播机制。她不仅要自己看得懂，还要让所有的视频号创作者都看得懂。

从看懂到做到，这中间既需要清晰的路径，也需要能够上手的操作方法。而一向讲求道、术相济的张萌也在实操篇把自己在视频号践行中所得的心法技巧和盘托出：从选题的确定到脚本的写作，从素材的积累到视频的拍摄，从发布的节点和节奏把握到跟粉丝的互动维护。同样作为视频号的创作者，读来不禁深有同感。

张萌是一个做事很注重结果的人，尤其是商业变现。想要在视频号这个赛道上为更多的创作者助力，变现自然也是重中之重。张萌讲变现，不仅有清晰的路径，还有直观的案例。张萌讲变现的案例，刻意避开了那些人人皆知的头部大咖。她深知头部大咖变现在大部分人的认知当中都是顺理成章的事情。可是人家能做成的事儿，自己未必能成。所以她讲的都是刚上手的新人和以往长尾作者的变现，其实就是在告诉读者：他行，你就一定也能行。

大幕初启，星辰大海未来可期。乾坤未定，人人皆是黑马。视频号的未来必定属于坚持长期主义的大多数，这条赛道上必将有更多新人收获意想不到的成果。我们所要做的就是即刻入场，当然，在启程的时候，我推荐你带上这本《引爆视频号》。我看见视频号，因认出了风暴而激动如大海，在此，邀请你一起启程和张萌踏浪前行。

林　少

第一章
玩转视频号，从看懂风口开始

第二章
视频号玩家的自我修养

第三章
视频号制胜的四大原则

第四章
给自己一个精准且亮眼的视频号

第五章
策划先行，在未发生时决定输赢

第六章
运营策略，好的传播需要好的维护

第七章
新人也能玩得转的视频号变现法则

01

CHAPTER

玩转视频号，从看懂风口开始

1.1 看得到的零售风口和看不见的连接变化

　　看到并看见，需要的是由表及里的洞见能力。商业变迁史是谁都能看到的"表"，而隐藏在商业变迁史深处的连接方式的变迁就是需要我们通过自己的洞见能力来看见的"里"。这一节的主要内容就是阐述风口和连接方式变迁之间的关系，从近几十年不断涌现的风口来看，每一个风口背后其实都是人的连接方式的变化。

要想在风口起飞，洞见是标配

　　微信视频号刚刚出现，我就觉得这是一个绝佳的风口，这事儿必须做，而且必须是现在就开始做。不仅自己要马上做，还要带着更多的伙伴一起做。所以我想要把我的践行、我的所思所想分享给更多的人。

当我把这个想法说出来的时候，身边还是有不少其他的声音。多半是一些善意的提醒，说这事儿能不能缓一缓，毕竟这是一个新生的事物，很多人包括一些研究者在内都还处于初探阶段。这时候就选择出书会不会有些危险？

我当然明白他们爱护我的初心，我也明白他们说的危险到底是什么。但是我的想法是坚决甚至是决绝的，这取决于我对风口的一个态度。风口到底是什么？它对我们到底意味着什么？其实雷军先生的那句"站在风口上，猪也能飞起来"就已经完全说尽了。风口就是机会，而且还是天大的机会。只要遇上风口，任何人都有机会成就自己，甚至可以不怎么费力就能成就自己。这是绝大多数人对风口的理解，但是跟这种很"丰满"的理解比起来，现实真的是无比"骨感"。

我所见过的风口上的状况，可比"猪也能飞起来"复杂多了。除了乘风而起的幸运的猪之外，更多的是一迈进风口就被刮得不见了踪影，至于被刮到哪里完全靠运气。还有的拼尽全力才凑到风口边上，结果风停了。不要说一头猪，就连原本带着翅膀的一只鸡都飞不起来了。

关于第一种意外，雷军先生的后半句其实是可以解释的："长出一双小翅膀，就能飞得更高。"很显然，那些在风口上被刮丢了的，是在飞起来的时候还没来得及长出那对小翅膀。但是第二种意外，就连原本带着翅膀的一只鸡都飞不起来，我想就只能用"洞见"这个词来解释了。

什么是洞见？字面的解释是明察，清楚地看到。但这不是我所理解的洞见，我所理解的洞见必须有洞穿一些东西的能力。如果只是清楚地看到，那可是远远不够的。真的洞见，总要能洞穿一些表象和壁障，看到别人看不到的东西。这是一种能力，一种深度认知的能力。只有这样，洞见才是真正有用的，比如对于风口。

不同的人对于风口的态度大不一样，有的人是等，有的人是扑，有的人是不闻不问。而且等也分不同类型，有的是死等，如死水一般的等。啥事儿都不干，一门心思地死等，说是等风口其实他看不见风口。有的人等风口，眼睛是活的，脑子是活的，他一边等一边修炼自己的小翅膀。这里需要说明的是，雷军先生说能长出一双翅膀才能飞得更高，但是你不要错以为当你在风口上飞起来之后，还有机会从容地长出这双小翅膀。这双小翅膀，你必须得在风来之前就长出来，飞起来之后你能做的就是让你的翅膀不断地跟风磨合，直至以风的逻辑去御风飞得更远。

有的人对风口就是扑，为什么要扑？因为只有等风口已经拥挤到不行的时候他才明白，等他赶过来的时候，最后一班车也已经徐徐发动了。来不及站稳，也来不及准备，只能踉踉跄跄地扑上去。能扑上去就挂在末班车上被拖着走，扑不上去就摔得鼻青脸肿，然后爬起来再去扑另外一个风口。就这样循环往复，一趟接着一趟，一跤跟着一跤。

至于对风口从来都不闻不问的人，就当是佛系的吧。但是很多看起来很佛系的人，其实不是无欲无求，而是真的看不见风口。因为看不见，所以常常连扑的机会都没有，甚至连等的兴趣也被消磨了，最后索性就假装不关心了。

这其实就是洞见的差距，因为风口从来不会自己贴着标签向你款款走来。就算是它路过你身边，也是各种伪装，就是让你看不懂。如果你有深刻洞见的能力，老远就能看穿一切，并做好准备等它。如果你洞见的能力一般，不是那么敏锐，可能在即将擦肩而过的时候你从旁边明眼人的反应当中能品出点端倪，这时候你还有机会试着扑一下。如果一个人完全没有洞见的能力，那就只好假装佛系了。

当我以我的洞见能力判断这是一个绝佳的风口的时候，虽然身边不乏各种善意的关心和提醒，但我仍然要第一时间开课，第一时间选择分享给更多的人，就是因为我们需要在大风未起时就做好准备，即便是作为小微创业者的陪伴者，我也不能允许自己看着他们在风势将尽时再仓促一扑。而我第一个最想要分享的也就是关于风口的洞见，我想告诉大家我是怎么得出微信视频号是个绝佳风口这样一个结论的。

内行人的洞见是通过表象参透趋势

我是怎么得出微信视频号是一个绝佳风口这样一个结论的？这是我必须回答的一个问题。在探寻这个答案的时候，我问过很多在风口上有过成就的人，问他们是如何看待风口的。如你所想，得到的答案是不一样的。但是归纳起来无非以下几种：

有的人说："我预测和判断风口的依据是相关的政策。"

其实很多有较大成就的人，他们平时并不怎么看电视节目，但是新闻节目除外。因为他们知道大多数人以为可遇不可求的风口，其实早就在政策当中初现端倪。这是非常靠谱的一种说法。

还有的人说："我可能更多地关注新技术。"一个新技术的出现很多时候预示着一个大的风口即将到来。所以，当你留心最近几十年不断涌现的风口和在风口当中崛起的人的时候，你会发现很多人对新技术都有着别样的理解和诠释。

以上两种方法非常主流，也非常典型，都可以称得上是深刻的洞见，这些人也都是拥有洞见能力的人，这些我自然明白。但我还是想再谈一下我的逻辑，相同之处多，不过没有完全重合。

　　说"政策当中蕴藏着大的风口"，这话当然对。比如改革开放，比如城市化进程，比如互联网，这都是很大的风口。这些风口之下成就的都是一些巨无霸一般的公司和企业，如果仔细分析就不难发现，这些企业的创始人，其实早在政策出台之前就已经有所行动了。在任何新政策出台前，一定是个别的现象，或者是新的技术，等这些都趋于成熟的时候才会有相关政策的出台。从政策中发现风口其实看的是趋势，而不是尘埃落定的政策定论。

　　比如，2020 年 7 月 6 日，人力资源和社会保障部联合国家市场监管总局、国家统计局向社会发布了包括"区块链工程技术人员""互联网营销师"等 9 个新职业。如果你仔细看这些所谓的新职业的话，就会发现这些职业其实早就已经存在了，虽然是新职业，但是我们都不陌生。所以当消息发布的时候，很多媒体就说"又一批新职业要来了，但是很多你早已不陌生"。

　　那你觉得，这些新职业是一个风口吗？肯定是的，但绝对不是看到了明确的政策信息才开始行动的人的风口，它属于那些在新的政策出现之前就已经熟悉这些职业的先行者。你想在这以后再出现一个李佳琦，再出现一个薇娅的可能性还有多大？当政策出台之后，一切都变得明朗了，但是这就变成了一个职业，已经不能再称之为一个风口了。

那么关注新技术呢？毫无疑问这话也是对的，但是有个东西你一定要知道：不是任何新的技术都能成为新的风口的，而且有些后来会成为风口的新技术，真正成为风口也是后来的事情。这项新技术从出现到成熟，到商用，再到风口形成的这个过程是比较长的，可能是几年，也有可能是十几年。如果我们也想像真正的技术内行一样盯着新技术然后等风来，这个过程怕是很难熬得过去。而且判断哪个技术会成为风口对于一个外行人来说，真的是太难了。

连接方式让所有人洞见风口

坦白说，以上确实是两个比较靠谱的方法，但是这两个方法并不属于大众。政策也好，新技术也好，它们都是能看到的东西，很多人都能看得到。但是光靠这些是没多大用的，洞见要求我们必须看到这些背后不太容易被看到的。对一个普通人而言，有没有一个东西能够给我们赋能，让我们也能看到那些表象背后不容易被看到的东西？

这是我要分享的，我们拿近几十年零售行业的几个风口来说。改革开放之前的零售是一种什么状态？那时候的零售其实并不能称为零售，可能说是供应更加合适一些。后来随着城镇化的进程，商超成了零售的一个大风口。再到后来随着网络的不断普及，传统电商成为一个零售的大风口。再到后来当直播技术不断成熟以后，直播电商又成了一个风口。

　　这里面有政策的因素吧？也有新技术的因素吧？这能够验证前面说的两个方法，但是这背后还有一个不太容易被看到的逻辑。那就是人与人的连接方式和连接效率之间的变化，这种变化的发生总是伴随着零售领域的巨大风口。在供应时代之后并没有马上出现商超，出现的是日杂小商店。这是由什么决定的？是由农村人与人的连接方式和连接效率决定的。村庄的人口居住是相对分散的，人与人连接的效率是低下的。一个村庄只需要一个日杂小商店就够了，甚至有些更加分散的山村，几个村才需要一个小商店，或者直接去乡镇购买。

　　后来城镇化进程不断推进，居住形式就由分散变得非常集中。这时候的人与人连接的效率就变得很高了，大而全的超级市场和各种商场就出现了。再到后来，网络不断普及，人与人之间连接的形式就改变了。人们在线上的聚集变得越来越普遍，这就是传统电商崛起的风口。

　　再到后来，直播技术变得越来越成熟，人与人之间的连接方式又发生了变化。传统电商是因为货的关系，人与人之间才会产生连接。而直播却跳过了货的环节，让人与人之间在线上建立了连接，这种线上连接方式成就了另外一个零售的风口——直播电商。

　　在这个过程中如果只看各种表象，当真是莫衷一是，很难分辨。可是这些表象之内唯一不变的就是人与人连接的形式和效率。如果这么说感觉还不是那么明显的话，我们再说另外一个风口——新零售。

从 2016 年马云先生提出新零售的概念，好几年的时间过去了，这当中很多人都在试图从各个角度来解释新零售。可是说的人越多，新零售的面貌就越模糊。有的说新零售就是有线下体验店的线上销售，有的说互联网代表了先进性，实体店注定是要被消灭的。还有人说，实体店才是零售的本质和本源，实体店一旦加上了大数据，传统电商就会被消灭。可是谁都没能把什么是新零售说明白，一直到后来刘润老师说："大数据时代，有交易的地方，就有新零售。它就是人、货、场的重构。"在我看来，这是一个很有洞见精神的解释，这种解释也得到了绝大多数人的认可。因为"人、货、场的重构"讲的就是人与人之间的连接方式、连接效率和风口之间的关系。

新零售跟以往的零售相比，新在什么地方？用人、货、场的概念来拆解一下。人还是那些人，谈不上新。货虽然一直不断有新的出现，但是传统零售时代同样也会有新的产品不断出现呀，也谈不上一个新字。这当中唯一能说得上新的就是场，这里所说的场本质上就是人与人的连接方式，它新了，这个零售也就新了。这才是新零售新的地方。

　　所以对于小微创业的小伙伴来说，看风口尤其是看零售领域的风口，只要看到了这一点就等于拥有了洞见风口的能力。用人与人连接形式和连接效率的改变来判断风口，这就是一种赋能。这就是我迫不及待想要分享给大家的，从此我们不用再看那些令人难以捉摸的表象，当风口来时，我们不用傻傻地等，不用仓促地扑，更不用等风口过后假装自己漠不关心。愿我们有能力善待每一个风口，也能够被每一个风口善待。

1.2 风口已来，两个亿到底是一个什么样的开始

"2亿，是个开始，mark一下，因为再不mark，很快就3亿、4亿了。数字容易，努力不易，需要很多很多思考，很多时间，很多人，很多次迭代，还有很多很多行代码……我说的是微信视频号。"

这是2020年6月22日微信之父张小龙发的一条朋友圈，这里面提到的新版视频号就是咱们之前提到的那个绝佳的风口。这个风口到底能有多大的风？那咱们就得聊一聊张小龙所说的两个亿的开始，到底预示了什么。

两个亿的用户量到底意味着什么？

张小龙所说的2亿指的是2亿的用户量，

可是 2 亿的用户量就很厉害吗？为什么还值得张小龙发这样一条朋友圈呢？到底又能厉害到什么程度呢？也许互联网公司常用的一个估值方法能够让我们对这 2 亿用户量的价值有一个相对客观的了解。

怎么判断一个公司未来的价值？对于传统公司而言，它们的估值方法就是现金折现估值和市场比较估值。也就是对公司的有形无形资产折现判断它的价值，或者跟市场上同类型对标的公司进行比较来做判断。而互联网公司经常要用到的一个更加符合新的商业模式的估值方法是：用户量估值法。具体的方法我们不做过多细致的阐释，用最简单直接的话来说就是用户量决定着互联网公司的估值。为什么？因为互联网公司本质上就是一个新的人与人之间的连接方式，用户量就代表着流量，而在互联网经济时代，流量也在一定层面上意味着销量。

用户量意味着流量，流量就意味着销量，所以，以 2 亿用户量为开始的微信视频号是一个绝佳的风口。但是这样的一个风口到底能有多大的前景？下面这几个数据会给我们一个更加直观的感觉。

2020 年，快手的估值为 286 亿美元。

公开数据显示，2020 年年初，快手的月活用户量突破 4 亿。

抖音目前的估值大约为 400 亿美元。

而 2020 年目前的月活用户大约为 5 亿。

这样的风口前景是不是非常有吸引力？那么，作为普通用户，我们能够在这样的风口下做些什么呢？说得再直接一点，如果我们能看懂这个风口又足够努力的话，我们能够收获什么？嗯，那就看看现在这些平台上的先驱，我们有理由相信微信视频号先行者的明天比现在还要好。因为这 2 亿的用户量还只是一个开始，就在张小龙发这条朋友圈的时候，视频号还只是在苹果手机上开通，很多使用安卓手机的用户还没能完成注册入驻。所以，这 2 亿只是个开始，这个有限的开始预示着无限的未来。

12.03 亿月活的微信，是一个无比庞大的流量池

张小龙说这 2 亿是个开始，得赶紧记录一下，因为很快就会变成 3 亿、4 亿，甚至更多。这是张小龙对视频号未来增长情况的判断，透着满满的自信。

他的这份底气来自他对视频号的基本定位，在张小龙眼里，视频号根本就不是一个孤立的软件，而是微信生态系统当中的一个重要功能。它跟微信之间的关系与之前的微视等其他可以通过小程序找到的软件跟微信的关系不同，视频号本身就是微信的一部分。这是张小龙做微信视频号的基本逻辑，

他这样做对视频号来说好处甚多。首先视频号不用独立面对很多问题，不用经历从 0 到 1 的过程。它是生长在微信之上的，跟朋友圈、公众号一样是微信的一个功能，是一个只需要轻轻一点的入口按钮，根本不需要在凶险环境中野蛮地生长，一落地就是 2 亿的高起点。这样的一个起点，其实已经是绝大多数软件渴望的终点了，还有很多软件从无到有，再从有到无都不曾经历过这样的一个点。

这么高的起点，这么好的一个开始当然是微信给的。因为视频号背后的微信就是一个规模特别庞大的流量池，相关数据表明，截至 2020 年第一季度，微信的月活数量是 12.025 亿，到目前（2020 年下半年）为止已经接近 12.03 亿。所以视频号落地就是 2 亿，而且很快就会变成 3 亿甚至 4 亿，这个增长的速度和规模都是非常惊人的。这是基于张小龙产品逻辑之上的得天独厚的优势。

用户和微信之间是一种不可分离的关系

用户的月活量微信当真可以算是巨无霸级的存在，但是这还不是视频号的全部优势。对于视频号来说，微信导给它的流量不仅数量上能够超过其他对手，而且在用户黏度上也有着不小的优势。我们知道一个软件除了它的用户量之外，还有一个特别重要的因素就是它的用户的可迁移性。也就是说对于用户而言，你这款软件到底是可有可无的还是必不可少的。可有可无的软件，用户可迁移性很强，它随时都有可能被用户抛弃。也许只用一次，也许用过几次，然后随便一个不值一提的原因就卸载了，所以它的用户黏性很差。这样的用户即使在数量上形成了一定的规模，本身的价值也不会太高。

但是微信就不一样了，微信发展到现在早就不只是一款社交工具这么简单了。它涉及用户的金融支付、生活服务、阅读娱乐等工作和生活的方方面面。我们现在很难想象没有微信的生活到底会是什么样子，因为它已经涵盖我们所有的生活场景。我们或多或少都有过卸载某款软件的经历，但是我相信没有人会选择卸载微信。

微信到底能够在多少地方为我们提供便利？暂且不说我们一直都在使用的朋友圈、公众号、支付功能和我们现在正在谈的视频号等最常用的几大功能，光是它的小程序内容之丰富、覆盖面之广泛就远远超出我们的想象。QuestMobile 2020 微信小程序半年报告显示：月活百万用户微信小程序突破 1000 个，光是月活用户达到亿级的小程序就有 8 个。而在 2019 年已经上线的微信小程序数量已经达到了惊人的 58 万个，小程序的日活用户数量也达到了 1.7 亿。

由此我们可以想象一下，这些对于用户来说是一种什么样的吸引力，又会形成一种什么样的用户黏度。把这种黏度的用户导入视频号，又会给视频号带来多么大的发展空间。

其实对于内容创作和传播平台来说，影响其发展前景的还有其变现途径。这又是短视频的一个大的优势，这个优势来自微信完善的支付系统。这是其他短视频平台所不具备的，所以当展望视频号先行者的未来时，我们说明天的视频号先行者比今天其他短视频平台的红利获得者还要好，这也是一个非常重要的因素。因为它的变现更加方便，至于它的具体变现路径，后面我们会单独做深入的阐述。

最后，让我们再来回顾一下，当张小龙说 2 亿是个开始的时候，我要跟你说的是风口已来。我们需要在第一时间躬身入局，第一时间抓住这个绝佳风口的红利期，成就梦想中的自己。但是在这之前，我们需要看明白这个风口的魅力所在，这到底是一个什么样的开始。为此，我给出了看明白这个风口的几个维度：视频号 2 亿的开始意味着什么，视频号流量暴增背后的倚仗和张小龙预计的规模，视频号用户的黏性，以及微信完善的支付系统所赋予它的其他短视频平台多不具备的变现优势。视频号就是这么一个充满了魅力和各种可能性的绝佳风口，我们需要做的就是在看明白之后迅速占位，做一个快速行动的先行者。

1.3 看懂风口，从看懂布局开始

　　看趋势，看风口，其实就是看机遇。现在我们知道视频号是一个只要看懂就会热血沸腾的绝佳风口。既然如此，那我们就应该以只争朝夕的精神，立刻、马上行动。先走在前头，然后再寻找机会成为头部，从而获取令人羡慕不已的头部红利。这种即知即行的执行力确实是先行者的标配，不过风口是一个充满剧烈变化的地方。我们说这个世界唯一不变的就是变化，而风口当中变化之激烈，用风暴当中的"风眼"来形容一点都不为过。

　　在风口面前谈行动力和执行力，绝对不能只强调冲劲儿。当然，冲劲儿是前提，如果你能在这个前提下洞悉风口的逻辑的话，那立于不败之地对你来说几乎就是水到渠成的事情。

什么是风口的逻辑？用最简单的道理来解释，风口的逻辑其实就是庄家的逻辑。这是我们所有人的一个共识，就是庄家的赢面永远是最大的。作为一个散户或者个人，要想获得最大的赢面，除了努力和技巧之外，理解庄家的逻辑并按照庄家的逻辑来做事也是必不可少的。

我们再往下问一层，什么是庄家的逻辑？就是引领者或布局者的逻辑。因为风口从来不可能脱离具体的事件和做事的人而单独存在。而这个做事的人在做这件事时的逻辑，就是庄家的逻辑。我们现在谈的风口是微信视频号，那这个风口的逻辑或者说是庄家的逻辑，其实就是微信生态系统和张小龙做事的逻辑。这是每一个想在视频号这个风口上有所成就的人都必须理解并用来指导自己行为的最基本的逻辑。

要理解张小龙关于视频号的逻辑，就不得不说他在 2020年的微信公开课上，以视频的形式发表的 13 分钟的演讲，其中有一段是特别值得我们注意的：

"回过头来看，我们当年有两个小小失误，一个是公众平台很长时间都只有 PC、WEB 版，这限制了内容创作者的范围。

"另一个是更重要的，公众平台的原始想法是取代短信成为一种基于连接品牌和订户的群发工具，并且有效地避免垃圾短信。群发的内容并不是重点，各种形式的内容都是可以的，如文字、图片、视频等。

"但我们一不小心把它做成了内容的载体，使得其他短内容的形式没有呈现出来，那使得我们在短内容方面有一定的缺失。这也是之前我说，公众号本身并不是为媒体准备的一个原因。

"我们很重视人人都可创造的内容。朋友圈之所以默认是发照片视频的，是因为当时我有一个认知，对于 10 亿人来说，让每个人发文字是不容易的，但是，发照片是每个人都可以做到的。

"所以，相对公众号而言，我们缺少了一个人人可以创作的载体。因为不能要求每个人都能天天写文章。就像之前在公开课上所说的一样，微信的短内容一直是我们要发力的方向，顺利的话可能近期也会和大家见面。毕竟，表达是每个人天然的需求。所以，这也是作为一个对新版本的小预告吧。"

这段话里面提到的放出预告的新版本就是我们现在看到的视频号，而上面的这段话我们可以理解为是张小龙眼里的视频号，他做视频号的初衷和基本逻辑统统都在这段话里面了。下面我们就以这段话为依托，再结合视频号的几个特点聊聊视频号的几个逻辑。这是我们想要把握住视频号，先要在这个风口上御风而行的基本修养。

第一，我们能看到的是，视频号绝对不是张小龙一时心血来潮的产物，而是他一直以来心心念念要做的事情。这是他经过不断地摸索和深思熟虑之后推出的一个王牌产品。他也没有把视频号看作一个独立的存在，而是在微信生态大局观之下对微信生态的迭代和完善。他从当年的两个小小失误说起做视频号的初衷，这里面有一个基本的逻辑，是什么呢？就是他在之前强调的信息的多样性，他希望通过这样的一个平台让大家不仅能够看到那些头部大号，还能看到更多的长尾小号。从信息的丰富性的视角，让大家看到更多不同的信息，这是他以产品开发者的身份对信息受众的一种关照。

但是，作为想要抓住这个风口的人来说，我们应该学会从内容创作者的角度看待他的这个逻辑。我们会看到他这是在努力降低内容创作门槛，因为他觉得这是一个人人皆可创作的时代，任何人都应该拥有通过内容创作被看到的权利。而被看到也就意味着流量的获取，这是每一个平凡的个体都能在这个风口成就自己的基础。所以说，视频号对于素人来说是非常友好的，这是我们需要看到的第一个逻辑。关于这一点，我们之后会做更加深入的探讨。

第二，前面我们讲过，一个风口，透过表面的一些难以捉摸的现象，我们总能看到它其实是在某种程度上改变人与人连接的方式和效率。这个逻辑在张小龙对视频号的这段阐述中也有很好的印证。我们知道，人与人之间除了线下的连接之外，线上的连接无非只有两种：一种是熟人之间的连接，比如QQ和微信好友；另一种是陌生人之间的连接，比如当下的其他短视频平台。

那么，微信视频号的传播逻辑是什么呢？既不是完全的熟人之间的传播，也不是完全的陌生人之间的传播。它的传播是遵循了以熟人社交传播和算法推荐传播相结合的新的传播逻辑。当视频号的内容发布出来之后，首先看到的是你的好友和关注你的人，这是熟人社交之间的传播。如果这当中有人跟你进行了互动，比如点赞和评论，就等于触发了传播机制，他的好友同样也会看到你。就像水的波纹一样，一圈一圈不断传播。还有一种是基于陌生人基础之上的传播逻辑，就是靠算法推荐来实现的热门视频。通过对视频的垂类将某个类型的内容推荐给喜欢这个类型内容的陌生人。对这种新的传播逻辑，我们同样要给予足够的重视。

第三，视频号的第三个逻辑在于视频号在微信生态系统当中的作用，我们一定要明确一个观点，微信视频号绝不是一个单打独斗的产品。在整个微信生态系统当中，它首先起到流量池的作用，但是这个流量池的流量获取的逻辑是颠覆性的。一般说到流量获取的时候，我们讲的是把一个平台上的公域流量变成属于自己的私域流量。但是视频号流量获取的逻辑是先把私域流量变成公域流量，微信这么大的日活用户量其实都是私域流量，因为他们都存于各自的好友通讯录里，不同人的好友通讯录是被隔离开的。视频号的第一个作用就是通过互通，即传播功能打破这种私域流量之间的壁障，把这种私域流量变成自己的超级流量池，然后再变成属于自己的私域流量。

视频号在微信生态中的第二个作用就是桥梁作用，它能很好地把公众号、朋友圈、小程序连接起来，包括微信商城、拼多多，等等。这就完成了一个闭环的营销环境的构建，这是其他任何短视频平台都无法做到的。所以，视频号的第三个逻辑就是流量的获取和变现的路径。看到这一点我们应该有的觉悟就是，从别人的私域流量中获取流量，就一定要有过硬的内容输出，同时还要有在闭环生态内完成变现的思路规划。

要想适应风口，就先要看懂风口的逻辑。所以，这一节我们从三个不同的角度阐释了视频号运行的基本逻辑，这既是我们看懂视频号的三个切入点，同时也是我们需要遵从的三个做事的基本逻辑。只有这样，我们才能像风眼一样在剧烈的变化当中从容淡定，成就更好的自己。

1.4 视频号的风口到底是谁的狂欢

2020 年 7 月 20 日，支付宝母公司蚂蚁集团官宣启动上市计划。对于社会来说这是一个大事件，对于蚂蚁集团的员工来说更是如此。蚂蚁集团的估值是 2000 亿美元，很多员工是有期权的，这意味着什么？这意味着蚂蚁集团的员工们有福了，他们很快就能实现财富自由了。于是那一天，整个蚂蚁大楼的欢呼声震耳欲聋。可是欢呼过后的员工很快就又出现了分歧，一番盘算之后，两种不同的心态表现出了同样的状态，这种状态被媒体戏称为"不想干活了"。据说，来自蚂蚁金服的员工这样吐槽道：

"坐标蚂蚁金服，昨天官宣了上市，跟各

位同步一下我公司现状：有期权的不想干活了，没期权的也不想干活了。"

都不想干活了，其实这背后的心态是完全不一样的。对于这些没有期权的人来说，那天蚂蚁大楼里震耳欲聋的欢呼带给他们的感觉像极了朱自清的那句话："热闹是他们的，我什么也没有。"不仅热闹是别人的，所有的一切都是别人的，自己真的是什么都没有。虽然他们是在同一个办公室做着同样的工作，也许他们还更努力一些。

当然，我们说这些并不是为了看谁的热闹，而是要说一种心理状态：患得患失。当我们想要做一件事的时候，明明应该全力去做却忍不住担心到最后会不会出现这种情况。而且要做的这件事情越重要，这种心理状态就越不受控制。这是一个特别普遍的现象，而且也不是简单鼓励一下就能解决的。我们在趋势篇说风口，说视频号是一个绝佳的风口，把这个风口的前景展现给大家。我在课堂上聊这些的时候会收到一些类似的反馈，有时候他们会表达出来，有时候从他们的表情当中你能够明确地捕捉到他的心理。这是需要我们在趋势篇解决的一个问题，解决这个问题的方法就是明确告诉大家，视频号对所有的素人都非常友好，这个风口就是属于我们小微创业这个群体的。之前没有接触过短视频的，或者在别的视频平台没能赶上风口期的人，遇上视频号之后也就意味着我们拥有了一个跟他们站在同一条起跑线上公平竞争的机会。只要我们够果决，只要我们够努力，藏在这个风口当中的所有的美好，就都是与我们相关的。

我们把这个明确的结果放在这里，先来一一梳理推出这个结论的逻辑和事实。

对素人友好是视频号的基因所决定的

视频号的基因是什么？其实就是张小龙在 2019 年的微信公开课上谈到信息多样性时说的那句话："虽然头部大号会有最大的浏览量，但是在一个人人皆可创作的年代，我们希望长尾小号都有自己的生存空间。这也是之前公众号一个忽略了的部分。"这是张小龙做视频号的初衷，也是他做这件事的基本逻辑。这句话就像马云当初做淘宝时说的那句"让天下没有难做的生意"一样，接下来几十年，甚至一直到马云卸任之后，整个阿里集团做事的基本逻辑也是如此。这句话决定了服务的对象和做所有事情所围绕的基本核心。所以，后来除了淘宝，还有支付宝、天猫、阿里妈妈，所有这些事情的指向不是处于 C 端的消费者，而是处于 B 端的商家。是那些在淘宝或者天猫上开店的生意人，不管是支付宝还是阿里妈妈，它们的出现都是为了解决这些人在做生意的过程中遇到的困难，终极目标还是为了兑现他最开始说的那句话："让天下没有难做的生意。"

"在一个人人皆可创作的年代，我们希望长尾小号都有自己生存的空间。"这是视频号的基因，也是视频号的终极走向。互联网的经济包括直播和短视频，现在流行的逻辑是什么？重视头部效应、流量和资源倾斜，甚至会出现全平台流量支撑一个或者几个头部大咖的情况，这样造成的结果就是头部通吃的局面，这种通吃甚至已经到了吃干抹净的程度。当我们谈到某个平台的时候，所能记住的就是那几个头部大咖。因为平台的流量和资源倾斜，一个头部大咖所产生的经济效益甚至会超过一家上市公司，但相对剩下的那些数以亿计的长尾小号的生存状态却不容乐观。

这其实是由平台的基因和基本逻辑所决定的，那些头部大咖相对尾部小号本身就具有优势。或者是才艺，或者是颜值，或者是他原本在传统社会就有了影响力的巨大优势。而平台的做法是把资源和流量向那些原本就已经占据优势的人倾斜，这个倾斜的力度取决于他们身上的这种优势有多明显。而当张小龙说要让长尾小号有自己的生存空间的时候，也就注定了视频号面对这种情况的选择是不一样的。它会在最大程度上营造一个公平的环境，而公平就是对素人、对长尾小号最大的友好。我们不可能去限制人家天生就具备的优势，但是我们可以给大家一个公平的环境，这就是视频号在这种情况下的选择。所以，我们的小微创业者，不管你是以素人的身份，还是以过得不是很好的长尾小号的身份接触到视频号，都应该觉得庆幸。这是一个不会为了成就头部而把资源和流量倾斜做到极致的平台，这是一个相对公平的风口，以奋斗者为本的风口，你只要足够努力、足够优秀，就有机会成就自己。

视频号的传播法则决定一切都只能靠自己

让长尾小号拥有自己的生存空间，这是视频号的基调，也是终极目标。就像是有人给了你一个承诺，说想要做一件什么样的事情，这确实是一件好事儿，但如果需要你付出全部的努力去参与的话，只有一个承诺是不行的，还需要一个法则来践行这个承诺，视频号的这个规则，便是它的传播规则。

视频号的传播规则是什么？前面我们提到，现在我们从公平的角度来解读就能知道这种规则对于素人和长尾小号来说到底是一种多么大的利好。视频号的传播规则分两个部分：基于个人深度沉淀的社交关系的传播机制，还有一个数据算法的热门推荐机制。第一个机制就是我们个人的微信通讯录当中的好友，它是短内容进行广泛传播的第一个触发点。能不能很好地激活这个触发点，或者说到底能激发出什么样的传播效应，取决于你原有的资源的数量和质量以及你对这个资源的利用程度，有的人微信好友数量是几百人，有的人微信好友数量是上千人，还有的人微信好友的数量已经接近甚至超过了 5000 人。张小龙曾经表示已经有 100 万用户的微信好友数量接近 5000 人，这个数量已经达到了微信好友数量的上限。也正是这个原因，现在微信好友数量超过 5000 的用户可以继续添加好友了，只不过排位在 5000 位之后的好友是看不到你的朋友圈的，你们的互动方式仅限于聊天，这在添加好友的时候就会有提醒。以我为例，我现在的微信好友当中就已经出现了这样的好友，也就是说，我的微信好友数量已经超过了 5000。

而且，不同的人的好友质量是不一样的，有的人的好友很多都处于深度休眠、很难激活的状况。这一点从朋友圈的热闹程度就能看出来，有的人发一条朋友圈，下面点赞的、评论的互动非常热闹，而有的人的朋友圈下面永远都是冷冷清清的。再考虑到对这些资源的利用情况，这中间的区别确实是非常大的。而这种区别正是公平最好的体现，我们要明白，我们在讨论的是一种规则的公平性，而不是结果的平均性。如果真的是一种结果的平均性，那它就不能算是一个风口了，风口本质上就是在说那些飞起来的远远要比没有飞起来或者根本就没有注意到的人的结果要好很多。他们之间的区别之大，甚至完全不亚于前面提到的有期权的和没有期权的蚂蚁金服员工之间的区别。至于说作为一个素人怎么增加这方面的优势或者怎么更好地利用这个资源，在下面的规则篇我会用具体的方法来为大家赋能，现在我要告诉你的是，这样的规则是一个平等的开始。

我们再说视频号的热门推荐机制，视频号的热门推荐机制不是看你是谁，你是什么样的大咖，或者说你原来有多么大的影响力，因为它不是基于人的一种推荐机制，而是基于算法的推荐机制。算法的基础是你的作品在传播过程中所产生的数据，你的数据是优质的，你就能得到推荐；数据不好就得不到推荐。而算法判断数据好不好的依据就是作品的完播率、点赞率、评论数和关注数等客观的标准。当算法在后台对这些数据进行分析和判断的时候，你是谁并不对它的结果构成影响。这同样也是机制性的公平。

这一节我想要说的是，视频号是所有素人和长尾小号的绝佳机会。如果前面的内容我给你传达的信息是怎么发现风口，视频号为什么是风口，这个风口的前景到底有多好，这些信息让你热血沸腾，有一种当即就想躬身入局的冲动，却又放不下包袱来出镜拍摄视频，那么现在所有的小微创业者都应该意识到，包袱是完全没有必要的，这就是跟你相关的属于你的绝佳的机会。这事儿不仅应该去做，还必须毫无顾虑地去做。为了能够明确地传达这一点，我从视频号的基因和传播规则两个维度进行阐述，愿大家都能准确理解。

02

CHAPTER

第二章

视频号玩家的自我修养

2.1 提供价值，用价值观吸引跟自己一样的人

"刚刚看了一个微信短视频，感觉拍摄者不易顺手点赞，然后一秒钟果断取消。没别的，就是感觉虽然不易，但是内容上真的差点意思。因为微信短视频的规则是点赞即传播，只要我一点赞我的好友就都能看到，就会以为这就是我喜欢和欣赏的。但是这个内容确实还没到让我忍不住想要跟朋友们嘚瑟的程度，我不愿让朋友们误会这就代表我的欣赏水平。总不能跟朋友们解释，我这是鼓励性点赞吧。"

上面的这段文字是我在朋友圈中看到的，我经常拿来给做视频号的小伙伴们看。我这么做就是要告诉他们，这就是我们的粉丝在观看时的真实心理活动，这是我们应该了解的真实

情况。我曾经说过要添加足够的微信好友，要想办法发动这些社交资源为我们的微信号事业助力，让他们尽可能地给我们点赞，帮助我们穿透一度人脉和二度人脉。我说这是我们能够掌控的部分。现在我把朋友圈里的这段话放在这里，想要表达的就是我们所有的利用自己社交资源的努力都需要建立在过硬的内容上，这也是我们的社交资源能持续发挥作用并不断放大的基础。就像这位视频号的使用者说的，因为视频号的传播特点是点赞即传播，他不需要特意去转发只需要点赞就能帮到别人，这是这个机制对于内容传播有利的一面。但也因为这样一个机制——只要他点赞，他的朋友就会看到——引发了他另外的一个顾虑。因为在我们的认知当中有这样的一个常识，传播什么就意味着赞同，推荐就意味着欣赏。而微信好友几乎是他全部的社交资源，在这样的情形下他的点赞会不会变得更加谨慎呢？

所以，我现在明确告诉大家，别以为视频号点赞即传播，我们动用社交资源的时候变得简单了，他们就会毫无顾虑地为我们助力。我们要明白一个道理，我们在享受某个机制带来的便利时，就一定要准备好在另外一个层面承受它带来的压力。便利和压力一定是同时出现的，这叫作事物的一体两面。如果认识不到这一点，我们的视频号慢慢会变成微信好友们的人情负担——出于人情考虑他觉得作为你的好友应该为你点赞。但是为你点赞又怕他的微信好友看到，这样是不是特别尴尬？这个问题应该怎么解决？就像上面那段话所说的，你的内容要让他有一种忍不住想要跟朋友们嗦瑟的冲动，就像平时生活中你给他看了一个特别好的东西，他会忍不住问你"你这个东西能不能让我拿去给朋友看一下"一样。这时候的分享和点赞就从负担变成了福利，他们会在第一时间毫不犹豫地为你的传播助力。

这就是我们这节内容的核心：视频号的内容规则。记住，内容规则的含义是我们应该做什么样的内容，用什么样的内容让我们的微信好友忍不住为我们助力，而不是说怎么把内容拍得更精彩，更有吸引力，这是内容技巧方面的知识。后面的实用技能篇有专门的章节来讲技术的问题，我们现在只讲内容的规则。

首先，我们对所有的短视频内容进行大致的分类，你会发现所有的内容不外乎以下几种——

1. 技术类的内容

这类内容主要是分享各种小技巧，比如美食的制作、衣服的穿搭、化妆品的使用，还有各种工作软件的使用，等等。这些都非常容易被点赞和收藏，但是转发的概率不是很高。

2. 知识类的内容

这类内容主要以各种读书和拆书类自媒体，或者是有一定影响力的培训师、学者为主。或者是提炼一本书的精华，或者是分享一种感悟，或者是普及某个行业里的尝试。比起实用类的内容不会那么立竿见影，但是能够起到开拓视野、增长见识的作用。它们传播的是一种极度碎片化的知识。

3. 励志类的内容

这类内容以故事和金句为主。多是搜罗一些名人名言或者是当下一些大咖的金句，然后配上自己拍摄的画面，有的甚至只有一个背景图加上音乐和字幕。这类内容因为金句和好的故事自带直达人心的效果，也能收获不少的评论和点赞，但是转发的就会少一些。

4. 展示类的内容

这类内容拍摄者的目的在于展示，或展示某项技能，或展示一种生活方式，甚至展示才艺、身材和颜值。比如一些手艺人，他们会拍摄自己制作工艺品的内容，当然，目的不是为了教会别人，而是为了让你看着好玩儿。比如，海边的人拍摄赶海生活，大山深处的人拍摄山居生活，甚至普通的农村家庭拍摄自己的农家生活。这都是一种展示。

5. 表演类的内容

虽然上面的几类内容都有一定的表演成分，但还不能算是表演类的内容。我们说的表演类的内容指的是，具有明显夸张故事情节和剧本痕迹的内容，这些内容的拍摄者多是一个团队，他们需要更多的场景和道具。

6. 猎奇博出位的内容

这类内容主要是利用人们的猎奇心理，拍出各种出位的内容来博取大家的眼球。比如，号称什么都能吃、什么都敢吃、多少都能够吃得下的各路吃播；比如，各种充满危险和恶趣味的内容，号称集齐多少个赞就做一件出格的事儿。这样的账号因为利用了人们强烈的好奇心和喜欢起哄的心理，也可以获得较高的关注度。

7. 广告类内容

广告类内容指的是那些在果园里拍水果，顺便讲个果农卖水果不容易的故事；在工厂里拍产品，顺便讲一个生意不景气出口产品转内销的故事；或者是拍着某款产品使用效果，然后直接销售的内容。这类内容大家一看就知道是怎么一回事儿，这种概率是非常低的。他们更看重的是内容的传达率，是不是马上变现并不重要，重要的是你看到了，你知道了这个信息。

我们对这些内容进行分类归纳的目的在于，有了这些分类，我们就可以方便地用这些标准来对各种平台上的内容进行分析，包括视频号上面的内容。这件事情，我建议大家都亲自去做一下，没有多困难。那些通过自己观察和分析得来的结果，我们对它的印象就会深刻很多。我观察和分析的结果就是，在视频号这个平台上前三个类型的内容占据了相对高的比例。后面几种类型的内容所占的比例相对有限，有些根本就很难看到。至于这个比例跟其他平台有什么区别，我希望你能通过自己的分析得出来，这个跟咱们要说的要点没有太大的关系。

那么，视频号内容被前三个类型的内容占据了大部分比例，说明了什么？说明这三个类型的内容是真正适合视频号这个平台的，永远不要怀疑践行者就实际行动给出的答案，这比任何形式的调查问卷都靠谱。这三个类型的内容我们应该看到什么？技术类的内容、知识类的内容和励志类的内容它们有一个共同的特征——有用。"有用"这两个字就是我们进行视频号内容创作的最大原则，不管你从垂类上怎么分，户外也好，美食也好，原则都是有用。

我们应该意识到，"有用"这个内容原则跟我们平时谈到内容分类时所说的垂类是完全不同的两个维度。因此，我们不要觉得这个原则是对我们的束缚，这个原则跟任何垂类都不产生矛盾，它可以深入任何垂类的内容当中去。这就需要我们重新打量这个原则，有用的原则是我们从技术类内容、知识类内容和励志类内容当中发现的。现在我们来看看这三个类型的内容本质上都为用户提供了什么。技术类的内容为用户提供的是一种价值，励志类的内容为用户提供的是一种价值观，我们认同一句话，认同一种观点，认同一个故事，其实是认同它们所阐述的价值观。而知识类的内容为用户所提供的则既有价值又有价值观。

现在我们可以得出最后的定论了，在视频号的平台上讨论内容的制作，最高的原则就是一定要有用。我们要么用价值吸引需要我们的人，要么用价值观吸引跟我们一样的人。这个最高原则一定要深度融合在各个垂类当中，有用的原则和垂类是看待问题的两个维度，我们一定要将二者结合起来。只有用这样的内容所吸引到的人才是真正能够和我们走到一起的人，这就不只是变现的问题了。我们还有可能一起去做更多的事情，因为他们要么需要你，要么非常欣赏你。这一点我们视频号实战训练营的小伙伴都很容易理解，"有用"也是我一直在强调的人生底层逻辑。我的那本关于高情商变现的书，书名之所以叫《从受欢迎到被需要》，暗合的就是有用的价值逻辑。这个逻辑用在视频号上也同样适用。

2.2 白灰黑，视频号弄潮者的自我形象管理

先说一个令人欣慰的烦恼，这种烦恼可不是谁都能享受的。在视频号实战践行的过程中，有一个小伙伴跟我说："萌姐，我的评论区出现了一些负面的评论，我该怎么办呢？"我对他的这个问题的回答是："这你应该感到高兴呀，这是一个好现象。"

这样的回答看似有些不合乎常理，因为没有人喜欢听别人说自己的坏话，看到不友好的评论怎能反倒觉得高兴呢？我是在劝你做人要大度，要包容吗？不是的，我是在跟你谈论一个判断的标准。通过这段小插曲，我希望大家能够记住一句话：在视频号的平台上，如果你的评论区出现了不友好的声音，那就说明你已

经出圈儿了。

所以，我跟你说听到不友好的声音应该高兴不是在劝你大度，而是说你一定要足够聪明。为什么不友好的声音是我们出圈儿的判断依据？前面说过，从内容的传播上来说我们的任务就是要出圈儿，我们要出的这个圈儿就是藏在微信里面的社交圈。这个圈儿是我们启动传播的重要助力，但是我们不能一直待在这个圈子里面。因为这个圈子里面都是我们熟悉的人，那我们的视频号就又成了朋友圈的事儿了，我们的视频号变现风口就又成了原来的微商。我们迎接视频号机遇的逻辑不应该是这样，所以我们要出圈儿，让更多的圈子外面的人看到我们，并被我们影响和吸引。

我们要出圈儿，这就有了圈里、圈外两种不同的人际关系。圈子里面那些熟悉我们的人，其实跟我们未必就是同一种人，大家的价值观也未必完全一致。但是这些人和我们是有着情分的，出于熟人之间的情分多半是能够为我们点个赞的。如果不怎么喜欢我们的内容，不点赞就是了。即使觉得有什么不妥的地方，最多也就是善意地提醒，绝对到不了不友好、不友善的程度。但是一旦我们出圈儿成功，接触到完全陌生的那些人，他们可以从各种角度来解读我们的内容，并根据自己的经历做出回应，而且还不用有任何的顾虑。所以，出现不友善的评论是再正常不过的事情。我们没办法让所有人都喜欢，我们也不奢望如此。这些不友善的声音并不能把我们怎么样，反倒能够告诉我们已经到了陌生人的社交环境了，我们已经成功出圈儿了，这绝对是一个好的信号。所以，看到不友好的评论首先应该开心才对，这是个令人欣慰的烦恼。

当然，还是那句话，一体两面。这是我做事的思维原则。看到好的一面然后接住它的馈赠，同时还要看到不那么好的一面，把有可能发生的不好的事情消灭在萌芽状态，这样你才能把它的馈赠稳稳地拿在手里并不断扩大你的战果。所以，我们在看到不友善的评论的时候，也不能一味地高兴，那样是高兴不了多久的。其实，这种不友善评论的出现向我们发出的是两种提示：你面对的人际环境变成了陌生的环境，你已经成功出圈儿了；你面对的人际环境变成了陌生的环境，你要更加注意形象管理了。

形象管理是我一直都在强调的事情，是所有想要有所成就的人的一个基本功。尤其是在数字时代，我们需要同时做好线上和线下两个自己的形象管理工作。当我们在视频号的大背景下谈到形象管理的时候，这种管理好两个自己形象的说法就已经满足不了实际需求了。我要跟大家说的是，在视频号的大背景下做好自我形象管理需要做好三个自己。我把这个理论叫作"白灰黑理论"，当然你也可以把它叫作"黑灰白理论"。这个理论的核心是，我们要在三个不同的人际环境下做好自己的形象管理。这是我们在做视频号时做好自我形象管理的基本原则。

白是一张名片的必要要素

我们说的"白"指的是什么？指的就是化妆之后的自己，就是遮蔽掉缺点和不足，凸显优点和长处之后的自己。这个白的自己所对应的就是我们出圈之后的陌生的人际环境，这个时候一定要是白的。我在视频号实战的课堂上曾经说过，视频号就像是我们的一张名片。这个名片要发给谁呢？只有当我们见到陌生人的时候才会给对方发名片，熟人之间哪怕是只见过一两次面的人，都没有必要把名片拿出来。名片的颜色是什么样的？不管你用的是黄金名片还是黑金名片，从内容上来说，所有的名片都是白的。不妨回想一下我们所见过的名片，这上面不管展示了多少信息，一定都是正面的信息。因为名片是要给初次见面的陌生人的，而我们面对陌生人的时候通常都处于一种挑剔、警惕和防御的状态。这是由人性和社交心理决定的，人人如此。而视频号作为我们的一张名片，所展示的内容也要跟我们现实当中名片的内容一致，都是白的。当然，我说的白并不是凭空杜撰，构筑一个虚假的自己。而是要做有限的展示，但是展示的仍然是自己的真实部分。

灰是拉近彼此距离的重要力量

只有通过白展示了足够的正面和有价值的信息，才能让更多的陌生人路转粉，想要留下来对你做更多的了解。一旦他们通过视频号当中的链接在公众号或者社群当中跟你建立了某种联系，你就不能一直这么白了。因为这时候我们需要做的是不断拉近彼此的距离，增加好感和信任感，这就不是一张硬邦邦冷冰冰的名片能够做到的了。这时候我们的形象管理就得是灰的。之所以要变灰，是要让自己变软，变得有温度，变得有人情味儿。因为人是没办法跟一张名片或者一个符号建立好感和信任的，人只能跟人才能建立信任。为什么灰一些就能让自己变得更容易亲近呢？因为灰一点就是让我们展示得更多一些，别让自己显得那么完美，世界上从来没有一个真实的人是完美的。反过来的逻辑就是，我们在展现得不那么完美的时候，就开始变得越来越真实了。但是这时候我们多展示的那部分，必须是无伤大雅的，并且能够让自己显得有些可爱的地方。这就是灰和黑的区别。

黑是把后背交给对方的勇气来源

视频号是个风口，对所有入场的玩家来说都是一个陌生的战场。所以，我跟所有入场的小伙伴说，一定不要单打独斗，我们要建立社群。没有条件组建自己团队的小伙伴要结成社群，就是拥有自己小团队的人也要积极加入社群。不仅完成视频号变现的时候要有社群，视频号创业者之间也应建立自己的社群。我们需要快速添加好友增加自己传播启动力量的时候，社群就是我们力量的来源。当我们在视频号这个战场上奋力拼搏的时候，社群就成了彼此的后援会和智囊团，彼此守望相助。在这样的人际环境之下，我们的形象管理就可以放心地变得黑一些了，这里所说的"黑"就是可以展示自己的能力短板、性格缺陷，甚至是知识薄弱环节这些通常情况下"要命"的因素。

为什么要把这些展露出来？因为我们是可以在战场上把后背交给对方的人。彼此的长处和不足都要做到心中有数，这样才能帮助彼此尽快地成长，并能在关键时刻替对方守住最紧要的地方。这样在协作的时候才能更好地取长补短，让彼此的资源做到最大程度的优化。

做好视频号创业少不了自我形象的管理，在视频号大背景下谈形象管理，我们不得不对以往的形象管理理论进行升级迭代。所以，我的自我形象管理理论从之前的做好线上、线下两个自己，变成了做好黑、灰、白三个自己，这三个不同的自我形象管理对应的是我们在视频号创业的过程中需要面对的三个不同的人际环境。只有这三个角色都扮演好了，我们才能影响和吸引更多的陌生人，才能把更多的刚刚路转粉的人变成彼此有着一份信任的忠实粉丝，才能够跟更多的人互相成就。这是视频号弄潮儿在自我形象管理上的最高原则。

2.3 做终身学习者，为持续输出做准备

为了让更多的素人和其他平台商的长尾小号都能很好地把握这次视频号的风口，我们视频号实战训练营的导师经常在一起讨论什么才是他们最重要的能力。当然，这是一个开放性的问题，可以有很多个正确答案。我们在前面讲过的那些能力都非常重要，是做好视频号创业不可或缺的。我觉得那些都是看得见的能力，有些是说透了就能明白的道理，有些是训练一下就能掌握的技能。因为这些能力是能够看得见的，教的人也知道去教，学的人也知道非学不可，所以它们虽然重要，但是属于那种标配型的能力。什么是标配型的能力？就像我们经常看到的标准装备一样，你有我有大家都

有，这些标配能够让你成为一个合格的、标准化的人。在一个行业里你拥有了这种标配，证明你拥有了跟其他人展开平等竞争的能力，但却不是你能脱颖而出的关键能力。

再说回视频号，我们前面所讲的很多知识其实都属于标配能力的范畴。如果这些问题看不透，这些规则不能遵守，就不太可能把视频号做好。但是还有一种能力是不太容易被看到的，我把这种能力叫作决胜型能力。如果说标配型能力能够让我们把事情做对，那决胜型能力则能够让我们把事情做好，而且还是持续性地做好，这样才能在众多做对的人当中脱颖而出，以达到最后的胜利。那么，视频号的决胜型能力是什么？我认为是学习的能力，而且要成为一个终身学习者。

当我们跟视频号的同行者说视频号决胜型能力是持续学习能力的时候，马上就有人说"萌姐，我明白了"。因为我们在视频号面前都是素人，所以我们必须在尽可能短的时间内快速掌握它的规则和技能，这对我们的学习能力是个极大的挑战。这样想确实有一定的道理，在视频号面前我们确实有很多东西需要学习。比如我们在接下来的一篇中会分享到的各种能力，包括脚本写作的能力、文案写作的能力、前期拍摄的能力、后期剪辑的能力、配音与音效处理的能力、表扬和演讲的能力，等等。这些能力都是需要我们去学习的，如果不掌握这些，我们就没办法把事情做对。但这些还不是我想说的学习能力，在视频号的背景下谈学习的能力，用学习的规则来表达会更加准确。因为我们想要说的能力并不是各种学习的方法和技巧，方法和技巧我们通过其他的渠道都可以获得，这并不难。我真正想要分享给大家的其实是超越方法的规则，这个学习规则我用一句话来表述：在紧要处下"闲"功夫，渐成浑厚之势，成不可穷尽之源。

为什么要在紧要处下闲功夫？用实用主义的观点来看，这个规则要求我们学的很多东西都是一些没有多少实际用处的闲知识。最起码短期内看确实是这样的。我们刚刚接触视频号的时候，有一大堆的东西要学，有一堆的事情要做，这就是在紧要处下闲功夫。为什么都忙成这样了还要下闲功夫呢？就是为了渐成浑厚之势，成不可穷尽之源。要理解这后半句就得从视频号本身说起，视频号不管跟原来的平台有多少区别，但说到底它也是一种输出行为。要输出你就得有存货，这是在资源和技术之外真正决定未来胜败的因素。这个势能存储一定要厚，并且要有源源不断的输入，自己才能变成一个不可穷尽的输出源头。

那把功夫下在别处不行吗？比如，加强自己的专业技术，或者训练自己的拍摄技术，这难道不好吗？这样也好，但是还不够好。因为这些都是我说的标配型的能力，要做视频号这些都是必备的，但这些还不足以让你做得比多数人更好。现在请记住，高端的内容输出应该有的状态是：有料、有趣、有势。有料就是我们所说的价值和价值观，这叫有真东西。有趣就是接受起来比较容易，可爱也好，幽默也好。而有势就是所展现出来的看问题的高度、深度和广度。除了有料之外，有势和有趣需要从闲功夫当中修炼得来，但如果你想做得足够优秀的话，这两种又是必不可少的。其实任何形式的输出都是一样的，比如讲师和明星讲师，明星讲师不一定就是他们当中最有料的，但一定是最有势、有趣的。回想一下学生时代我们最喜欢的老师，他受欢迎一定是因为他在讲课的过程中加了很多"闲"的东西，这些闲的东西让他更有势、有趣。所以说，在紧要处下闲功夫、输入闲知识是作为一个内容输出的学习规则，这是决胜型的而不是标配型的。

这个闲功夫怎么下？闲功夫的"闲"说的是这些功夫用的地方，而不是我们用这些功夫时的态度，这一点千万要记住了。千万不要说既然是闲功夫，就随随便便对付一下好了。真要是这样的话，那还是把这个功夫用在标配能力上好了，毕竟能把这些标准化的东西做得比别人好一些，你取得的结果也能比他人好一些。我真正想说的是，我们要在那些看起来不怎么有用的知识的学习上下功夫。下面我们来简单分享几种比较闲的知识，我们要想让自己的输出更能符合有势、有趣、有料的状态，在这些知识上下功夫是非常有必要的。

1. 哲学知识

从实用性的角度来讲，哲学应该是最没有用的闲知识。但是从对输出结果的影响上来看，哲学是第一个要学的闲知识，我们看问题的高度、深度和广度很大一部分都要从哲学当中来。因为哲学本身并不负责解释现实当中的现实问题，但是它负责的是怎么看待问题。而怎么看待问题恰恰是内容输出非常重要的一个因素，现在短视频当中经常有很多人同时谈一个事件的情况，这时候如果你能提供看问题的全新角度，你就能脱颖而出。这个全新的角度怎么来？你得有点哲学思维。

2. 人性的知识

如果用一句稍微文艺点的话来说内容输出，大抵应该这么说：内容输出是一门撩拨人灵魂的艺术。怎么才能真正撩拨人的灵魂？你得知道人性是怎么回事，人性是可以准确抵达人的灵魂当中"痛点"或者是"痒点"的学问。真正能够洞察人性的人，说话、讲故事包括做内容输出，总能够直接钻到别人的心缝儿里去。最近看书时看到一句话："故事可以骗到人，不一定是故事讲得好，而是故事契合了听故事的人的心理预期和心理偏好。"这句话当中的"心理预期和心理偏好"其实就是灵魂当中的"痛点"和"痒点"。要想拥有这份功力，得从了解人性开始。

3.逻辑训练的知识

短视频内容的输出形式本身就决定了输出内容的片段化，你看视频号的内容一共就一分钟的时间，所以输出的内容就很片段化。但就是这个片段化的内容，你不能让它散了。好的内容输出即使是片段式的，它也一定准确地传达了一个信息，而且这个信息它说明白了。它一定得是一个独立且完整的小宇宙，得浑然一体。我们经常会看到一些短内容里面有好多金句，但你会发现它是散的，给人一种散装拼盘金句的感觉，这种体验的内容输出就非常一般。这其实考验的是逻辑链长短的问题，一个人的逻辑链足够长，内容输出的呈现就会更有逻辑性。

4.古典文学类的知识

金句是短视频内容当中最能吸引人眼球的元素，不光是短视频，还包括文章和电视剧。如果有一个内容突然爆火，一定是因为这当中的金句被大家口口相传，甚至成为现象级的高频用语。金句怎么来？首先，金句是可以直达灵魂的，可以从哲学和人性的知识当中来。其次，表达上一定做到言简意赅，简洁而不简单。如果说起对语言文字的推敲功夫，再没有比古典诗词更好的范本了。古典文学知识，尤其是诗词曲赋这些作品，虽然看起来不怎么实用，但是对我们做内容输出却至关重要，在这上面下闲功夫绝对值得。

想要成为一个优秀的内容输出者，除了那些标配型的能力之外，还得具有决胜型的能力。而我分享的这个作为决胜型能力的学习能力其实是一种学习的规则，这个规则就是在紧要处下闲功夫。下闲功夫说的是在那些并不直接帮我们解决实际问题的知识上下功夫，这个闲功夫的践行一定要体现出苦功夫的味道来。为了能让闲功夫更好地发挥真作用，我们呈现了四个类型的通常意义上的闲知识。虽然身处风口一定会很忙、很累，但是这个闲功夫一定要下，这是我们视频号学习的规则。

03

CHAPTER

第三章

视频号
制胜的
四大原则

3.1 出圈儿的原理：
视频号传播的基本逻辑

　　在趋势篇我们做的所有工作都是想让大家看得懂，能对视频号有一个清晰明确的了解。我们讲了视频号为什么是风口，是一个什么样的风口，我们还讲了视频号到底是哪些人的风口。我其实是想通过改变大家对于视频号的认知，从而改变大家在实践中的行为和境遇，说简单点，就是我想通过看得懂来成就后面的玩得转。而现在，就到了需要我们玩得转的时候了。

　　那么，究竟玩到什么程度才能算是玩得转呢？我只说一个开始，玩得转具体说就是不管你是个没有接触过短视频内容的素人还是之前在别的平台活得很没有存在感的长尾小号，哪怕你没有什么粉丝，也能在短期内把播放量做到 10 万＋。如果需要对这个短期做一个量化标准的话，我可以负责任地说长则两周，短则一周，比用时一周更短的小伙伴也并不鲜见。我跟你说的就是这样一个开始，结果是值得期待的。

当然，要想获得这样的一个开始，你得按照视频号固有的法则来做事。努力固然是有的，但是在我的认知里努力只不过是成功的基本条件，却不是充足条件。换句话说就是，要做成一件事并不是拼尽全力就能行的，关键是你努力的方式要跟这件事的内在规则相符。所以，当我说可以在较短的时间内玩转视频号的时候，同时也是在说，我们必须在它的规则内做事儿。现在，我们就来说视频号的第一大规则：传播规则。

前面我们说视频号对素人和长尾小号比较友好的时候，简单提到过视频号的传播逻辑和传播规则，现在我们就来把这个规则聊透彻。还是从素人和长尾小号最担心的问题说起，他们最担心的问题不外乎就是没有粉丝、没人关注，就算是自己想努力，连个曝光的机会都没有。尤其是那些长尾小号，对这一点的感受会尤其深刻。但是这样的遭遇在视频号上完全可以避免，除非你没读懂它的规则。因为一般平台都是媒体传播的规则，也就是现在我们经常提到的自媒体。自媒体的传播规则是什么？是覆盖式的传播，就好比一盏灯，能照亮多大的地方跟它自身的能量相关。一盏小台灯跟一台大功率的探照灯肯定是没法比的。视频号的传播规则呢？它是连接式的，而且还是触发式的连接。你不用再靠自己的能量去照亮，只需要去触发你身边跟你有关系的人，一经触发他就会变成一盏灯帮你去照亮，甚至他还能触发他身边的人。这其实已经不能叫作传播了，已经上升到裂变的级别了。

这个传播规则的基础其实就是我们熟悉的六度人脉传播理论。六度理论是说我们可以通过六重人际关系找到这个世界上的任何一个人。也就是说，我们和任何一个陌生人之间的间隔都不会超过五个人。有人谈到这个理论的时候说，我们通过六个人就能认识奥巴马，真的可行吗？理论上是可以的。提出这个理论的时候，有人做过实验证实了它在现实当中的可行性，但是从理论提出后的印证情况来看，要通过六个人认识奥巴马可不是谁都能做到的。

为什么？因为我们与奥巴马之间的关系链被六度人脉上的人分割成了几个相对封闭的人脉圈，所以这个理论又叫作六度分割理论。而现实社会中想要穿透不同圈层之间的壁障非常难，视频号神奇的地方就在这里。视频号有个功能叫作点赞即传播，我们知道视频号跟其他的小程序是不一样的，作为微信的主要功能之一，它在微信的"发现"页面上，在"朋友圈"下面、"扫一扫"上面就是"视频号"。点开视频号，它的页面上方有几个菜单，分别是"关注""朋友""热门"，后面还有一个"附近"。这个"朋友"就是点赞即传播的关键所在，当你在视频号上发布内容后，最早能够看到的就是关注者和你的微信好友，这是你的一度人脉。如果他们看完之后跟你发生了互动，比如点赞、评论，只要这种互动发生了，他们的微信好友的视频号"朋友"这个菜单下面就会出现一个红点，你的内容就被推荐给了他们的微信好友。这就意味着你的内容已经穿透了一度人脉，完成了向二度人脉的传播，这就是我们说的点赞即传播。

如果在二度人脉的观看者当中仍然有人跟你产生互动（这种情况肯定会发生的），那伴随着这种互动的发生，你的内容就穿透了二度人脉向三度人脉继续传播。只要你的内容能激起这些人点赞或者评论的冲动，你的内容的传播就不会停止。就是在不断的点赞和评论之间，这种穿透朋友圈的情况会不断地发生，直到完成六度人脉的传播。当然，我们说的是在理论上只要你的内容质量过硬，这个六度人脉的传播是可以实现的。那么六度人脉之后呢？是会继续传播下去还是会发生别的事情？我们不是理论研究者不用去考虑这样的问题，作为践行者，我们只需要考虑如果真的完成了六度人脉的传播，这会是一个什么样的效果。我们来做一个简单的假设：

假设你的微信通讯录里面有 500 位好友（这个假设的数量不算太大），当然你的这些微信好友不可能都看到你的视频号内容，假设只有 300 位好友看到了（这个比例也不算太高）。

假设这些人当中有三分之一给你点赞或者留言评论，那么你的这个内容就有机会被这 100 个人的好友看见。这也就意味着当你的内容穿透一度人脉的时候，你就拥有了至少 100 个窗口在替你做传播。

假设这 100 个人每个人也都有 500 个好友，假设观看的和互动的概率在这里减半，就会获得 2500 个传播的窗口。

这是一个指数级的增长算法，完成六度人脉传播时的受众数量是非常惊人的。所以，我们甚至连完成六度人脉传播时会怎么样都不用去考虑，只需要考虑完成二度人脉甚至一度人脉穿透之后会怎么样。目前的实践表明，在视频号当中完成四度人脉的穿透是可行的，因为我已经做到了。

那为什么我们只需要考虑穿透二度人脉，甚至只考虑穿透一度人脉呢？因为穿透一度人脉和二度人脉是我们都能做到的事情。不管你是谁，不管你原来是什么状况，只要方法得当，顺应视频号的传播规则，这样的成绩都能够获得，这些事是我们能够掌控的。不管是原来的长尾小号，还是从来没接触过短视频的素人，就算是自己其他方面都没有明显的优势，最起码微信号是有的吧？你的社交资源是有的吧？我在之前的书里讲到人的社交资源的时候说过一个六圈法则。

六圈法则是说我们每一个人的社交资源都分布在六个社交

圈层当中，它们分别是家庭圈、同事圈、同学圈、爱好圈、平台圈和职场圈。这些圈层当中所有社交资源的综合就是我们拥有的全部社交资源。但是现在我们应该重新考虑一下这个问题了，这个由六个不同圈层组成的社交资源共同出现在一个圈里了，这个圈就是我们的微信朋友圈。

前面我们说过，微信生态系统是视频号最大的倚仗，而微信朋友圈就是我们全部的社交资源，这是人人都具有的，也可以算是微信赋予我们每个视频号玩家的启动财富。但是这笔财富只有在我们遵循传播规则的前提下才能提取，所以当我们开始运营视频号的时候一定要提醒自己：我们要遵循的一个大规则就是它的传播规则，做视频号最重要的事情就是要出圈儿，要不断穿透朋友圈，先穿透自己的朋友圈，再穿透朋友的朋友圈，然后再穿透朋友的朋友的朋友圈。而我们首先要做的就是穿透自己的朋友圈，这是我们最能掌控的事情。

既然朋友圈里有这么多的宝贵社交资源，让他们助力自己的穿透之旅应该是人人都能做到的事情。这是我在这一节中要求大家务必做到的事情，请好友们为自己点个赞发一条评论这事儿就成了。这就是视频号最便利的地方，不用特意求转发、求推荐，只需要想评论就评论一下，不想评论只需要轻轻点个赞就行了。相信这对于你的微信好友来说，点个赞并不是特别难的事情。如果连这都做不到的话，那我可能就会觉得你真的没必要来参与视频号了。

至于说到后面的五度人脉、六度人脉，其实真的没必要考虑这些，把自己所能掌控的环节做到极致就行了。如果真的到了五度人脉、六度人脉的传播，不用想也不用算到底会有什么样的效果，早就被后台的算法捕获了，已经作为优质内容放在热门推荐里面了，这是另外一种传播逻辑。

3.2 瞄准点赞率，调整微信社交结构

现在我们来说想要做好视频号不得不遵守的第二大原则，这个原则就是尊重点赞率，具体的做法就是调整结构。要想把事做好首先要有成事的基本觉悟。怎么解释这里所说的"成事的基本觉悟"？我的解释就是，你把自己当成谁，或者你把自己当成什么。当我说这两个解释的时候，其实是有两个特指的对象的。

当我说你把自己当成谁的时候，我想要说的潜在的特指对象就是，你要把自己当成做事的人。

当我说你把自己当成什么的时候，我想要说的潜在的特指对象是，你要像产品经理看待自己的产品一样看待自己。

为什么要这么解释作为一个商人的基本觉悟呢？因为他们是在用商业和产品思维来支配自己的行为。为什么这种思维很重要？还得从调整结构开始说。

在我的视频号实战训练营的课堂上，调整结构是我要求所有人必须做到的一件事，而且我跟大家讲明白了为什么要这么做。不过从后来学员的执行情况来看，发现有些在执行上打了折扣的人并不是我讲的这个逻辑，他们没有听懂，问题在于这么做可能要涉及其他一些人，这让他们觉得很不好意思，对他们来说是一道很高的执行门槛。这个执行门槛就是，他们还是把自己当成那个有血有肉、有情感、有偏好、有情绪的人。当遇到事情的时候，他们考虑的不是该不该去做、值不值得去做，而是想不想去做，或者做起来感觉好不好。这就缺乏一个创业者的基本觉悟。调整结构虽然非常重要，但是逻辑并不复杂，执行起来难度也不大，只要你有成事的基本觉悟。

为什么非得要进行结构调整（具体就是把你微信通讯录里面的好友分类标注，然后进行迁移）？这是为了获得更高的点赞率，点赞率是视频号推荐机制下后台算法当中非常重要的一项标准。我们在讲视频号传播逻辑的时候说过，视频号的传播是社交传播和算法推荐相结合的。比如，我们上一节聊到的出圈儿的原理，说的就是视频号社交传播的部分。后来我们说等到了五度人脉、六度人脉，甚至在四度人脉的时候就会被后台的算法捕捉到，从而被定义为优质内容推荐到热门当中，这就是视频号的算法推荐机制。

视频号的算法是怎么捕获到这个信息的？当然不可能是根据你的内容穿透了几度人脉来判断的。算法推荐公平的地方就是不去标注你是谁，自然也不会标注谁是你的朋友，谁又是你朋友的朋友，它不会关注这些。但是，它会获取你的内容在这个传播过程中所形成的数字信息，也就是我们所说的数据。它会对这些数据进行分析，然后判断这是不是一个优质的内容，值不值得被推荐。点赞率就是算法做出推荐判断的非常关键的标准，这个点赞率说起来也非常简单，就是你的微信好友数除以为你点赞的人数。比如你的微信好友有500个人，其中有200个人给你点赞；另一个人的微信里有2000位好友，有300个人为他点赞。看起来是他的点赞数量多，占据了优势，但其实在视频号后台数据的算法里，你的点赞率是远远高于他的。你的内容被后台算法在一定程度上认定为优质内容，而得到推荐的可能性也远高于他的，也就是说，你才是占据优势的那一方。

这也是视频号公平性的另外一种体现，有些想要走捷径的人通过多添加好友从而靠量取胜的就被这个点赞率堵死了。所以新手玩家千万不要以为点赞的人越多被看到的机会就越多，所以拼命添加好友。那些随便添加的根本就是没有任何交集的好友，不但不太可能为你的传播助力，反而会因为增加了你的好友数而让点赞率变得更低。所以明确了解规则、守规则，然后再加上自己的努力，这样你的努力才是有价值的。任何看不懂规则就贸然行动，甚至想要走捷径的行为都是愚蠢的。

反过来说，如果看懂了规则而不加以利用，同样也是一种不怎么聪明的行为。人跟动物的基本区别就是善于利用工具，这个工具指的不仅是具体器具，同样也包括对事物规律和规则的运用。对于每一个想要玩转视频号的人，我都要求他必须调整结构，这就是对点赞率的善加应用。

这个结构要怎么调整？总的原则就是把那些不太可能为你点赞的人从你的好友当中移除，把你的好友位置腾出来给更有可能为你点赞的人。具体的调整方法有三种，我称之为加、减和移。

加，当然是添加好友，但是绝对不能像刚才所说的那样，为了追求点赞的数量就毫无目的地随便添加陌生人。盲目添加的陌生人为你点赞的概率很低，而且还会把你的点赞率也拉低。这里的"加"指的是加那些你能够给他们带来某些帮助的人，站在他们的角度来看就是有求于你的人，或者现实生活中层级低于你的人。为什么要加这些人而不是添加能力强于自己、能够给自己助力的贵人呢？这里面有一个颠覆性的逻辑，我们思考一个问题：你的朋友圈里的好友，哪些人为你点赞的概率更高一些？

如果这个问题的答案不太好说的话，那就想想你自己，就以你的朋友圈为例，你为哪些人点赞的概率更高一些呢？是为那些你仰慕的、仰仗的，总是能够帮助你的人点赞的可能性大，还是为那些仰慕和仰仗你，经常有事儿求你帮忙的人点赞的可能性大？这个答案就很确定了吧？别人也是一样，所以我们添加好友是为了谋求点赞数量和点赞率的双高。那就得添加你能带给他们帮助或者是层阶低于你的人。

怎么去添加？我们青年微创业的小伙伴们基本上都是社群运营的高手，他们都要建立自己的专属社群，有的还不止一个。这些社群里的人就是他们需要添加的人。如果没有属于自己的社群怎么办？想办法加入社群，记住应用自己的优势在社群里去帮助别人，为他人助力。用利他思维来做这件事，你收获的才是真正能为你带来点赞量和点赞率双向提升的好友。这需要添加到多少人呢？从视频号运营的角度来讲，我希望你最好能加到 5000 人，因为超过这个数，微信的很多功能就会被限制了。

减，减的自然就是那些不知道什么时候添加的，平时也不怎么沟通都已经忘了对方是谁的人。这样的人已经处于深度休眠状态，很难被激活。这样的人一定要从好友当中删除掉，一方面减少好友基数提升点赞率，另一方面给那些真正点赞概率高的人腾出好友位。

移，是整个调整过程中最难的环节。因为需要把我们仰慕的人或者是比我们层阶更高的人转移到别的地方去。这会让很多人觉得不太舒服，说"我好不容易认识这些大咖的，怎么还要把他们移走呀"？其实这里的逻辑跟我们讲添加的时候所说的逻辑是一样的。所以，要想把视频号做好，一定要把那些不太可能给你点赞的高人、贵人转移到另外一个地方。你可以注册一个新的微信号，然后把这些人都转移到新的号上，这个新的微信号就是你的私人号，而现在的这个号就是你为了视频号而准备的资源。那如果是你注册一个新微信号来做视频号，把那些比你层阶高的人留在现在这个微信号上，将它作为你的私人号不也是一样的吗？真的不一样，一个刚刚注册还没使用多久的微信号，突然间大量添加好友很可能会被系统判定为营销号，这对于视频号内容的传播是非常不利的。

所以，调整结构是一定要做的，只要你做视频号不是闹着玩儿的，只要你还想把视频号做好，点赞率就是我们不得不保证的一个硬性指标。为了保证点赞率，我们需要调整微信好友的结构。我给你分享了三个调整结构的方法：通过添加把更有可能为你点赞的人请进来；删除那些已经处于深度休眠很难再被激活的僵尸好友；把那些不太可能给你点赞的比你层阶更高的人转移到另外一个私人微信号上。不管是从逻辑上还是从操作技术上来说，调整结构都不是一件很难的事情，但是调整结构的过程可能会让一部分人情感上感觉不舒服，这些人其实还算不上是真正能做事的人，所以我们顺便又说了成事的人的基本觉悟。你得明白，做视频号是在做什么。你得知道当你在做视频号的时候应该怎么看待自己，如果你没打算靠视频号成事而只是玩玩的话，那就没有再读下去的必要了。

3.3 三号一体，明晰变现路径

　　身边有不少喜欢新鲜事物的朋友，他们早在内测阶段就已经开始接触视频号，而且凭借自己的能力也确实做得不错。后来他们听说我在做视频号的课程，就不断有人来诉苦。其中有个朋友说：

　　"萌姐，你看我的这条内容，已经有了几十万的播放量了。我还有好几条内容，比这个播放量还高。"

　　听得出他话语间的自得之意，不过这样的成绩也确实是不错的。可是接下来的话，味道就慢慢有些不对了：

　　"我每天都要花费不少的时间和精力来做内容。"

"现在怎么样了呢？"

"现在也没怎么样呀，做完了也就做完了。好像就是满足了一下自己的虚荣心，感觉自己做得还不错。"

多么可怕的结果！时机抓得比别人都早，付出的时间和精力也不少，事情的进展看来也还不错，到头来却什么都没发生，只不过是看了一回热闹，满足了一下自己的虚荣心。

我知道看热闹绝对不是他们的本心，出现这样的结果是因为有些人还没能看懂视频号的门道。我想跟大家说，视频号绝对不是虚荣心的事儿，它的结果导向一定是商业化，这是我们做视频号的根本目标。我们做视频号是奔着变现的目标去的，对于微创业的小伙伴们来说，一切不能够变现的努力都是瞎折腾。这样的事情我们是绝对不会去做的，这样的结果也是我们最不希望看到的。现在我们就来谈一下，视频号到底应该怎么完成变现。

视频号到底应该如何变现？首先因为视频号基于微信号资源的私密性，靠广告收入实现变现的路子对中长尾账号过于狭窄，同时也不能像才艺主播那样通过刷礼物和打赏来实现。视频号的终局商业化对于普通人来说，一定是通过带货来实现的，这是我通过跟很多商业组织和业内人士反复沟通的结果。

视频号的这个变现路径就是三号一体加一个社群，我把这个路径叫作四圈统一。三号一体的"三号"分别是个人微信号、公众号和视频号，然后再加上一个社群，就构成了四圈统一的四个主要因素。这个四圈统一的叫法是我命名的，而变现的路径是由视频号本身决定的。我们只是看懂这个路径然后分享出来，变现路径本身早在视频号出台的时候就已经被设置好了。

为什么视频号变现的路径一定绕不过三号一体加社群的四圈统一？这个需要结合我之前提出的"萌式金三角"一起来讲。这个"萌式金三角"是我对网络经济时代流量运营逻辑的高度提炼，具体呈现形式就是三角形的金字塔。这个金字塔按照从下到上的顺序分作三个部分，分别是拉新、留存和转化。拉新就是在公域流量当中吸引更多的陌生人，让他们变成你的粉丝，变成你的流量。留存就是对这些进入你私域流量的人进行沟通和维护，让他们变成你的准客户。而转化就是让这些准客户完成最后的成交。这是数据运用流量变现的内在逻辑，同时也是视频号变现的路径。现在把这两套逻辑对比起来看，把视频号变现的路径也看作一个三角形的金字塔。看看四圈统一当中的四个部分分别起到了什么作用。

我们先说视频号，视频号的作用是什么？视频号的功能就是通过社交化和平台个性化推荐两种不同的传播方式，让更多的人看到你、关注你、喜欢你。实际上这是在做什么？其实就是一种拉新。我们前面说过，视频号的流量逻辑就是把十几亿微信用户的私域流量释放出来，然后在平台上形成一个超级巨大的公域流量池，而视频号的玩家再通过自己的内容让这个流量池里面的更多公域流量变成自己的私域流量，所以在整个萌式金三角当中，视频号的作用就是拉新，它是一个传播的窗口和流量的入口。

我们再说公众号，公众号已经是微信生态系统当中一个比较成熟的功能了。它的作用主要归纳为三方面：产品品牌和个人形象的宣传阵地；产品的推广和销售，相关信息都可以通过公众号来传达给关注者；粉丝的互动和维护，通过一些带有奖励性质的互动可以增加粉丝的黏度和信任感。它的这三种作用我们放在萌式金三角当中来对照一下，就不难发现它对应的是留存的环节。通过公众号的宣传互动和维护，慢慢跟粉丝之间建立信任感，而信任是一切成交实现的基础。

最后我们来说微信号，微信号的作用又是什么呢？前面我们说过，微信号是视频号的传播动力之源。但是在萌式金三角当中，它的作用是最后一个环节也是最为重要的一个环节，那就是变现。为什么要通过微信号来变现？因为微信号拥有转账和支付的功能，人们也有通过微信来实现支付完成交易的习惯。这个功能和习惯是一个非常宝贵的资源，它让最后的变现环节不仅能够得以完成，还会变得非常顺畅。

所以，视频号、公众号和微信号，三号一体的变现路径，其背后的逻辑跟萌式金三角的运营逻辑是相符合的。这个路径是在视频号设计阶段就已经规划好了的，我们只需要搭好三号一体的框架，视频号的变现就成了水到渠成的事情。三号一体要想做好，下面的几个细节需要格外注意：

先说三号一体的一个规则，三号一体当中的视频号，一定要跟微信号和公众号保持统一。最好是名称相同、头像相同。因为视频号变现的整个路径都是在微信生态中展开的，最好是让所有人都通过同一个名字来找到你，这样效果最好。如果实在不能保持名字统一，最起码也要保证头像是统一的。而且视频号的目的是打造你的个人IP，所以要尽可能做到真人出镜，这样才能保证给人留下最直观的印象。

然后就是注册公众号，公众号虽然推出的时间比较长，但是由于它自带创作门槛，使用公众号的人多是一些企业、组织和机构，或者是一些创作能力较强的个人。而更多的人在跟公众号发生接触时的身份都是受众而不是玩家。所以要想真的做到三号一体，都需要从注册公众号开始。

注册公众号的时候我们就会发现，公众号其实分为两种，一种叫作订阅号，另一种叫作服务号。其中订阅号是企业、组织和个人都可以申请的，但是服务号就只有企业或者组织才能申请。很多微创业的小伙伴，目前只能以个人的身份注册，这也就是说他们只能选择申请订阅号。服务号和订阅号在功能上也有一些区别，订阅号每天可以发布一次，一次可以发布8 条内容。

而服务号则更加偏向于为粉丝提供服务，对消息的发布限制比较大，每个月只能发布四次。而且推送完消息之后可以直接在消息列表当中展现出来并提醒用户，但是用户对于服务号的信息是比较挑剔的。因为消息总是显示在第一屏，如果消息质量比较差就很容易被用户取关。所以，当我们注册公众号的时候，直接选择订阅号就好了。不需要再想办法去注册一个服务号，这对于我们来说有些过于麻烦了。我们做这件事的原则就是简单易行。

最后让我们来说变现路径的最后一个环节，三号一体之外的那个社群。既然视频号、公众号和微信号已经构成了一个完整的萌式运营金三角，为什么还要加上一个社群呢？我们不妨重新看一下三号一体和萌式运营金三角，这里面的公众号对应的是留存的环节。

但是订阅号的主要功能只是向用户推送消息，当然也可以跟粉丝互动，不过这个时限是在 48 小时之内。就算是有机会注册为服务号，每个月推送的消息量又受到了很大的限制。而留存的过程中需要不定期跟粉丝进行大量的沟通和互动，还要进行一些带有激励性质的群体活动。只有这样才能把目标用户真正地留下来，并跟他们建立信任。而要想做到这一点，单单依靠公众号是不太容易做到的。如果是一个社群呢？在这一点上，社群显然能够发挥更加重要的作用。这也就是我说的视频号的变现要遵循三号一体加社群原则的原因所在。

要想把握好这次视频号的风口，变现的思维是绝对少不了的，但是能不能成功变现，主要看的是能不能看懂视频号的变现路径。以上分享给大家的就是当下视频号变现的主要路径，视频号、公众号、微信号三号一体外加社群。这个路径更深处是萌式运营金三角拉新、留存、变现的逻辑。视频号是个拉新的神器，微信号是变现的保障，而公众号是个桥梁，除了具有一定的存留作用之外，还能让视频号上的流量准确地找到我们。而社群则是对留存环节的又一大助力。要想做好，先要看到，希望我们借此能把视频号变现看得清晰明了。

3.4 以终为始，为有规划的努力找准定位

　　以终为始是我的《让你的时间更有价值》这本书最核心的理念。在这个理念的语境当中，我说世界上其实只有两种人，他们过着两种不同的人生：一种是以终为始的人，他们过着有计划的人生；另一种是脚踩西瓜皮的人，他们的人生状态就是滑到哪里算哪里。以终为始的人从一开始就谋划好一切，每一步要做什么都是按照预定的规划进行。而脚踩西瓜皮的人，他们的习惯是先干了再说，走完一步再看一步，甚至连自己要去哪里都不知道。我称第一种人的做法为过有规划的人生，而第二种人的人生我称之为脚踩西瓜皮的人生。很显然，有规划的人生肯定比脚踩西瓜皮的人生好得

多，为了让更多的人过上有规划的人生，我分享了人生蓝图的相关知识，这在我的上一本书《让你的时间更有价值》中是非常重要的一个部分。那么在视频号这件事上，这个原则值得我们再次提到。

因为视频号是个风口，而任何一个平台都存在红利期、微利期和无利期，我们只有在第一时间入局，才能在红利期到来之前做好准备，站稳脚跟。所以我一再要求微创业的小伙伴一定在第一时间完成注册，第一时间完成结构的调整，第一时间完成涨粉的工作。这些都会在课程结束之后当作作业布置给他们，而且在第二天的课堂上我还会对完成情况进行检查。对第一批线上学员的作业完成情况进行检查之后，我发现有的人其实就是随意注册的。这种随意的态度是绝对不能被接受的，任何事情要想做好首先一定要认真对待，这种随便做做的态度是绝对要不得的，这样的态度也绝对不可能把事情做好。后来他们说：

"萌姐，我真的不是想随便做做就算了的。我只是想先把这些该做的事情都做了，该注册的注册，该调整的调整，等有时间了我再回来修改这些东西。毕竟，现在还没到变现的环节嘛。"

听明白了吗？我原来以为是态度的问题，听完这段话我才知道这是优先级的问题。在他们的认知当中，比起定位，速度才是需要优先处理的事情，事实并不是这样。抱有这种想法的人，当他腾出时间来准备调整自己定位的时候我发现已经改变不了了。我举一个例子：

有个执行力很不错的小伙伴，他在第一时间就完成了注册、调整和涨粉的工作。尤其是在我说要用自己微信号上隐藏的社交资源引爆视频号社交传播机制的时候，他做得非常好。为提高自己的点赞率，他发动自己的长辈，把能说得上话的老人都变成了他的微信好友，他觉得这些人一来时间比较充裕，二来年龄大了也会比较热心。他还专门建了一个微信群，让这些人不断地拉自己的朋友进来，他还会给拉朋友的人发红包。后来他在视频号发内容的时候，这些也确实成为他的资源，每条视频下点赞的人数都不少，还有评论和转发的。所以，在刚开始做的时候，他的各方面指标完成都很不错，传播效果也可以。但是慢慢地事情就变得有些不对劲儿了，首先发现虽然点赞的人不少，但基本上都是一些上年纪的人。再到后来，就连这些跟自己目标对象不相符的点赞者也变得越来越少了。这让他百思不得其解，他也经常看别人的内容，从内容上来说那些呈增长趋势的人也没有多大的优势。后来他跟我说：

"萌姐，这明显有些不对劲儿呀。按说我这样的点赞率应该足够穿透一度人脉的，我的内容也不差，怎么会一点起色都没有，反倒变得越来越差了呢？"

在了解了一些细节之后我跟他说：

"事情没什么不对的，出现这样的情况不是偶然而是必然，这样的结果是在一开始就注定了的。"

到底是哪里出了问题？其实就是在定位上出了问题。关于定位的一个事实是，定位是时刻都在发生的事情，如果你不主动给自己一个明确的定位，平台就会帮你设定一个定位。只不过当你被平台算法自动设定定位的时候，它不一定会通知你，而且你被定位的结果跟你的实际情况往往是不相符的。但是这并不影响平台以它所理解的定位帮你去完成传播和推荐，这样的结果是什么？就是我们在上面的例子当中看到的结果。

我们知道视频号的传播机制是社交推荐和算法推荐相结合的。从我们开始在视频号上发布内容跟粉丝产生互动那一刻起，这种算法数据的收录就已经开始了。算法对你定位的标准有两个，一个是发布的短视频的内容，另一个就是你所吸引的粉丝群体。如果你对自己没有一个明确的定位，你在发布内容的时候就会陷入为了追求热点而摇摆不定的误区。今天发布一条搞笑内容，明天发布一条美食内容，后天就有可能变成励志内容，大后天就有可能变成一条其他的内容。虽然你的点赞率还是比较高的，但是后台很难根据内容给你合适的推荐。你的内容也就很难出现在目标用户面前。这时候后台就会更加倾向于根据吸引的人群帮你推荐，同样因为你对自己没有一个明确的定位，你会为了利用可掌控的资源穿透一度人脉和二度人脉而选择一些跟你目标人群不相符的人脉资源，就像上面案例当中那样。为他点赞和转发的多是一些年龄偏大的人，后台系统对这个人群进行分析的结果就是，你的内容会更加适合这个人群，所以你的内容就被推荐给了这些人。而你发布的这些内容实际上跟这个人群的需求和喜好是错位的，你的点赞和转发量自然就会变得越来越少。

现在明白了吧？定位是我们在一开始就必须做的，绝对不能等以后再做，等你有时间做的时候，很可能已经晚了。这是我们做视频号绝对不可更改的一个原则。那么，现在我们就来说一下如何在一开始就给自己一个明确的定位。

其实也有不少人在开始的时候是想着要给自己一个明确的定位的，但是当时没做的原因在于他不知道怎么给自己定位。他们不太清楚自己到底能够做什么，怎么做？那就先弄明白自己是谁。而想要弄明白自己能做什么，你只需要问自己三个问题："我是谁？我为谁解决什么问题？提供了什么方案？"

首先来说"我是谁"。

回答这个问题并不是让你说"我叫什么名字，我是哪里人"等这些私人化的事情，而要运用利他思维，放在整个社会当中来关照你的社会属性。而社会属性更应该关注的是你的职业或者事业，这个问题的答案应该是："我是一名法律工作者""我是一名媒体工作者""我是一名财务工作者"。或者是："我是一位美妆领域的创业者""我是一位健康领域的创业者""我是一位家装领域的创作者"。甚至是："我是一位青年创业的助力者""我是一位线上学习的服务者"。总之，标准就是站在利他的基础上，用社会角度突出你的有用性。

再说"我为谁解决什么问题"。

这个问题是在第一个问题的基础上进一步深挖你的有用性，你为什么样的群体解决什么样的问题。如实回答这个问题能够帮助你准确找到自己的目标人群，你应该选择什么样的人为你点赞助力，你的精准目标人群是谁，都需要通过这个问题寻找答案。

最后，"提供什么样的方案？"

这个问题会让我们对自己的价值更为清楚，同时也能让我们准确地看到应该用什么样的内容来影响目标人群，这是解决内容垂类精准与否的关键因素，不仅有利于视频号后台算法的精准归类，也会使得我们的内容在影响力上更加高效。

这就是我想要分享给你的为自己找到精准定位的三个问题，你需要看到的是，这三个问题负责解决的是定位问题，而不是现在是否已经做到的问题。这句话的另外一层含义就是，这个定位本身就包含了以终为始的意思。很多人不知道自己能做什么而无法给自己定位的原因就是缺少这种以终为始的意识。以终为始看问题，不一定需要现在就已经做得很好，更重要的是你的目标梦想，你想要做什么，你想要成为一个什么样的人。这就是你的终点和愿景，现在你的状态不过是你的起点。所以，我希望大家自此以后不再因为现在做得还不够好就没有给自己定位的信心和勇气。

精准的自我定位是做好视频号的重要原则，选择什么样的人来为自己助力，用什么样的内容来影响目标人群，怎么才能让被我们吸引的人变成需要我们的人，这一切都是以精准定位作为基础的，要想敢于大胆为自己定位，需要的是以终为始的逆向思维，而想要把定位尽可能地做到精准，我分享了帮我们寻找更加客观的自己的三个问题。用以终为始的思维，好好考虑这三个问题。给自己做好定位，真的不是一件多么困难的事情。

04

CHAPTER

第四章

给自己一个
精准且亮眼的
视频号

+————————

4.1 视频号开通，有些事第一次就得做好

关于视频号的风口红利和传播机制我们讲了不少，但是这所有的分享要想得以践行，首先得有一个属于自己的视频号。就当下来说，如果只是按照视频号的操作流程完成视频号的开通和创建，操作的难度并不是很大。但是从很多小伙伴实践反馈的情况来看，这个话题还是很有再聊聊的必要。因为有些细节如果过来人不说，第一次上手的人很可能不会注意到。但是偏偏有些事情，第一次就得做好。下面我们就来说说，视频号的开通和创建过程中那些不得不说的细节。

4.1.1 什么人能够拥有视频号

什么人才能拥有一个属于自己的视频号？

这是我在刚开始做视频号的时候经常听到的一个问题，这个问题的答案是：只要你有一个属于自己的微信号，只要你想拥有一个属于自己的视频号，那你就可以拥有。但是现在依然有不少人并不了解这一点。这跟视频号开通权限的开放过程有直接的关系。我最开始接触视频号的时候，是视频号开通的第一阶段，这个阶段拥有自己视频号的都是一些有一定影响力的人，这些用户都是由视频号经选择后邀请的。当时用户都处于被动受邀的状态。而在这些受邀用户的影响下，已经有一部分粉丝对视频号产生了很强的好奇心，但却不得其门而入。

当越来越多敏感的内容创作者开始意识到视频号所蕴藏的巨大潜能而寻找机会进入的时候，他们会突然发现通过发邮件和扫描二维码的形式，竟然可以完成视频号的开通申请。这里的二维码跟邮件一样，实际上是视频号给的一个申请视频号的链接，于是大批内容创作者纷纷申请开通。结果是有一部分人的申请被通过，同时也有更多的申请没被通过。让他们感到诧异的是，这些申请成功和失败的人好像并没有什么明显的不同。这是因为这个阶段视频号实行的是适度开放的原则，而这个适度的标准就是随机。可就算是这种看起来不怎么靠谱的方式也没有持续多久，很快那些申请者就发现邮件和二维码的通道不知道什么时候已经被悄悄关闭了。于是人们开始四处打听怎么才能开通自己的视频号，视频号的申请焦虑在很大程度上加速了它的传播力度。而这时候拥有一个视频号也是一件非常有面儿的事情。

　　微信要做视频号，自然不会真的关闭所有的开通渠道。一个通道的关闭就意味着另一个更好的通道的开启。就在大家因为邮件和二维码通道被关闭而焦虑的时候，有些已经开通视频号的用户很快就发现他们被平台赋予了一项特权，他们可以邀请三个微信好友开通视频号，条件就是对方和你保持三个月以上的微信好友关系。不过，这个权限只是少部分人的内测权限，并不是当时开通的人都有。视频号通过这种方式成功激活了社交传播机制，同时也达到了让更多敏感且优秀的内容创作者优先入场的预期，让这些先入场的用户为视频号内容的原创性和价值导向定下了基调。

　　上面的这几个阶段，视频号在流量的导入上表现出了极度的克制。可是张小龙做视频号的初衷在于让更多的长尾小号获得更大的生存空间，自然不会把并没有多少资源的它们关在视频号的大门外。当这些先一步进来的用户已经完成了内容生态的构建之后，视频号就慢慢向所有人敞开了大门。从一开始的部分放开，到后来的全部放开，一直到现在只要你有自己的微信号，只要你想有一个属于自己的视频号，你就能够拥有。可能在这之前你很想开通自己的视频号，并且做了各种尝试和努力都没能成功。这都不应该成为你的顾虑和担忧，这并不是因为视频号对你不友好，而是因为视频号的推广策略。一个新的平台，总需要有人开荒，总需要有人完成基础建设，视频号也需要在这个磨合的过程中不断提升和完善相应的机制和规则。

4.1.2 怎么开通自己的视频号

要想开通视频号，首先我们得找到视频号的入口。视频号的入口就在微信，打开微信，点击最下面的"发现"。就会看到图 1 这样的一个页面。在这个页面上，朋友圈的下面就是视频号的入口。点开写着"视频号"的入口，会看到图 2 这样的一个界面。这个界面上有"关注""朋友""推荐"，以及一个搜索图标和一个人像图标。

如图 2 所示，点开"关注"看到的是你关注的视频号用户所发布的内容，这是我们一个学员的视频号截图，他是关注了我的，在他的这个截图的"关注"当中看到的就是我所发布的一条内容。而点开"朋友"看到的就是你的微信好友点赞过的内容，这就是视频号社交传播机制的主要体现。再点开"推荐"，我们将会看到视频号基于平台算法所推荐的一些热门内容，这是平台算法推荐机制的体现。这个后面的位置符号，代表的是附近的人，点开它你不仅能够看到附近的视频号用户

图 1

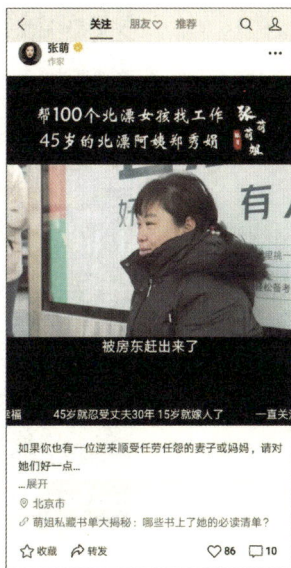

图 2

所发布的内容，还能看到发布者和你之间的距离。而最后面的这个人像按钮就是我们开通视频号的入口。点开这个图标，我们又会看到如图 3 所示的页面，点开这个页面上的"发表新动态"就会看到几个大字——"创建视频号"。还有创建视频号必不可少的视频号头像、视频号名称、性别和所在地区。除了视频号名称以外，这些信息都会默认为微信号的相关信息，所在地区也可以自动定位。当然，也可以重新选择设定。

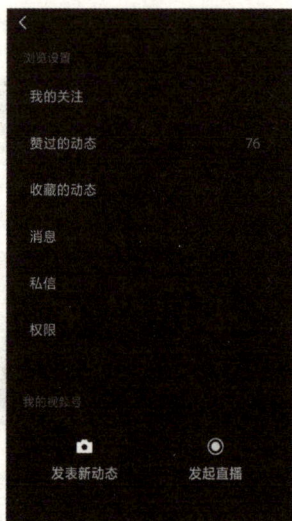

图 3

不过按照我们之前说过的三号一体的原则，我的建议是视频号头像和名称最好跟你的微信保持一致。填写完这些信息，点击"创建"，给自己写一个简介，你就拥有了一个属于自己的视频号了。

4.1.3 完成认证的视频号才是真正完整的视频号

虽然按照上面介绍的步骤完成操作，视频号的创建工作就已经算是完成了，但是从实行的角度来看，还有一步非常重要

图 4

图 5

的工作不得不完成，那就是视频号的认证。如图 4 所示，点击"认证"，就会进入如图 5 所示的页面。

就像我们在图 5 当中所看到的，视频号的认证分为三个部分，分别是兴趣认证、职业认证与企业和机构认证。这个认证是我们必须完成的，完成认证的好处在于平台会给予更高的信任，在内容审核和算法推荐上比没有通过认证的用户具有更大的优势。

认证的时候我们首先要考虑清楚的一个问题就是：是进

行企业和机构认证还是进行个人认证？现在的兴趣认证和职业认证原来都叫作个人认证。它们的使用主体都是个人，而企业和机构认证的使用主体就变成了一个特定的组织。就像我们在前面提到的，对于大多数学员来说，只需要进行个人认证就可以了。兴趣认证跟我们前面提到的垂类的定位有很大的关系，你需要给自己选择一个精准的领域定位，比如美食博主、美妆博主，或者自媒体从业者。而职业认证相对而言就显得更加职业化，需要提供你所在的行业、公司和职位。当然，也不是自己选择了就能通过认证的，还需要满足一些条件。当我们点开图 5 当中的"兴趣认证"后就会看到图 6 所示

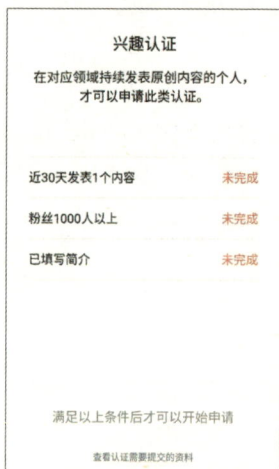

兴趣认证

在对应领域持续发表原创内容的个人，
才可以申请此类认证。

近30天发表1个内容	未完成
粉丝1000人以上	未完成
已填写简介	未完成

满足以上条件后才可以开始申请

查看认证需要提交的资料

图 6

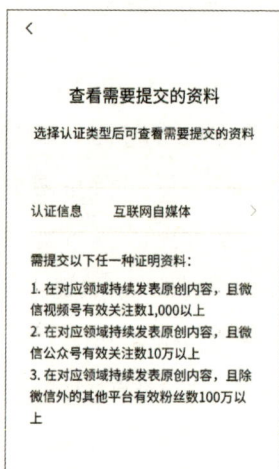

查看需要提交的资料

选择认证类型后可查看需要提交的资料

认证信息　　互联网自媒体　　＞

需提交以下任一种证明资料：

1. 在对应领域持续发表原创内容，且微信视频号有效关注1,000以上
2. 在对应领域持续发表原创内容，且微信公众号有效关注10万以上
3. 在对应领域持续发表原创内容，且除微信外的其他平台有效粉丝数100万以上

图 7

的所要求的申请条件。

　　当你具备这些条件之后也不要太着急，你只是获得了申请的资格而已。要想通过认证审核，你还需要另外一些资本。我们需要点开图 6 当中最下面的那行小字"查看认证需要提交的资料"，你会看到"选择认证类型后可查看需要提交的资料"的提示。点开之后就能看到需要提交的其他资料。比如选择的是"互联网自媒体"，看到的就是图 7 当中所要求的资料。

　　如果我们选择的是职业认证，点开图 5 当中的"职业认证"将会看到图 8 所展示的申请认证条件要求。

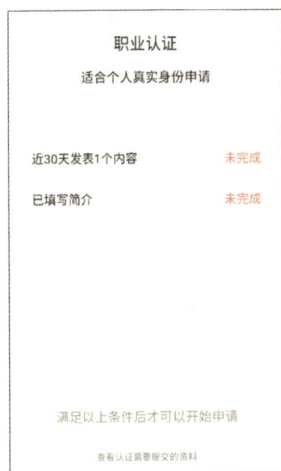

图 8

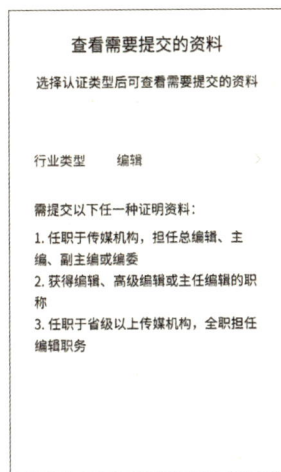

图 9

当你具备了这个申请认证的条件之后，再点开图 8 当中那行小字"查看认证需要提交的资料"，然后根据提示选择你的行业，就可以看到图 9 所示的认证审核所需要的资料。

通过认证审核之后，你的视频号名称的下面会出现一个标识，比如我的视频号认证之后就如图 10 所示，在我的视频号名称"张萌"后面有一个黄色的对号标志，那就是通过认证的标志。之所以这个标志是黄色的，是因为我在认证的时候选择的是个人认证，选择企业和机构认证的话，这个标志的颜色会变成蓝色。然后在视频号名称的下面还有"作家"两个字，那是因为我选择的是职业认证当中的"作家"。而没有通过认证的视频号就不会有这些，所以通过认证真的很重要。通过认证后，不仅平台能够对你的垂类、可行度和专业度做出准确的判断从而影响到算法推荐机制，其他人在看到你的视频号的时候也能做出准确的判断从而影响到社交推荐机制。

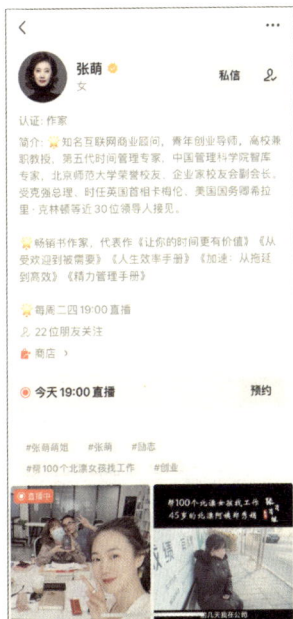

图 10

4.2 一部手机
就可以胜任的拍摄技法

　　短视频的脚本作为短视频内容拍摄的执行细则，主要有三种类型，分别是拍摄提纲、分镜头脚本和文学脚本。拍摄提纲主要起的是一个提纲挈领的作用，它能够帮助拍摄者明确选题的主题和方向，确定选题的角度和切入点。这其实就是我们前面提到的选题部分的内容，除此之外还能阐述拍摄的场景、结构、视角、配音和背景音乐等细节。文学脚本则有点像我们前面提到的文案加上拍摄的细节内容。拍摄提纲、文学脚本对于拍摄技巧和镜头运用的细节界定相对比较简单，适合用来拍摄固定场景或者简单场景转换的视频。相对于两个类型的脚本而言，分镜头脚本对镜头的诠释则非常细致，可以细化到每一个动作甚至每一个表情。很多影视剧的分镜头都是用绘画来展示的，就像跳帧幅度比较大的动画一样，每一个镜头都用一幅画呈现出来。这么细致的分镜头展示适合用来拍摄剧情类的短视频，不管是拍摄的器材、场景、人物、道具还是对剧情的设定要求都比较高，更加适合团队操作。对于普通的视频号玩家来说，并不太需要去拍摄剧情类的视频，一般都是在固定背景下阐述一个道理，或者以生活和工作场景作为素材来讲述一个故事，这都是一部手机或者一台平板电脑就能完成的。所以，我们就简单分享一些拍摄和剪辑的常用知识，没必要对分镜头脚本做过多的分享，对于一分钟时长的视频号来说，拍摄剧情类视频的需求并不是那么大。

4.2.1 带来不同空间体验的景别和景深

我们先来说景别，根据拍摄的人和被拍摄的对象之间的距离不同，景别可以分为远景、近景、全景、中景和特写。景别就是远景距离的不同，而不同的景别在主题的表现上功能又各不相同。

当我们外出旅游想要把人和身后的美景一起拍摄下来，就不得不站得远一些，这样才能够把整个环境全部纳入画面当中。这时候我们拍摄到的画面就叫作远景，使用远景的好处在于，拍摄的画面会给人一种广阔高远的宏大感受，在意境的表现上占有很大的优势。

与远景相对的自然就是近景，究竟近到什么程度才算是近景呢？这个要从处在镜头当中的画面来判断，如果被拍摄的是人，标准就是人物胸部以上出现在画面当中。如果拍摄的对象是物，标准就是物体的局部出现在画面当中。我们常见的读书类视频和很多知识分享类的视频，多半都用近景拍摄。它的好处在于能够清晰地观察到被拍摄者的面部表情变化，从而通过这种变化展现人的性格和内心世界。

在远景和近景之间还有个中景，还是以镜头里的画面为标准。中景的界定标准是画面中拍摄到的是人物膝盖以上部位；拍物体的话，画面中会拍摄超过一半的局部部分。相对近景倾向于展现人的面部表情变化，中景更倾向于展示人的上半身肢体活动，整个画面当中人物所占的比例更小，环境所占的比例变大。这样的拍摄多用在叙事性较强的内容当中。

还有一种把人物和环境全都完整拍下来的景别叫作全景，它的"全"说起来跟远景有点像。但是远景更侧重环境的深远辽阔，侧重展现环境的意境，适用于拍户外的宏大自然环境；而全景更偏向于人物和环境之间的互动关系，更适合拍摄一些具体的环境，尤其是室内环境，比如会场、课堂。

最后有一个拍摄者和被拍摄者距离特别近，只拍摄被拍摄者身体的某个具体部位或者物体的某个细节的景别叫作特写。

特写镜头对于人物的内心世界具有特别明显的强化作用，比如眼眶里滚动却没有落下来的泪水，我们可以明显地感受到被拍摄者内心的委屈和倔强。

　　景深没有景别那么多的种类，只有深景深和浅景深。景深会给被拍摄景物带来一种空间上的纵深感。深景深通过清晰的背景突出画面的空间纵深，而浅景深则通过背景的模糊来更好地突出被拍摄的主体。使用浅景深还是深景深取决于你想要突出的对象，是为了更好地交代环境还是为了更好地突出背景前的人和物。景深的变化主要通过光圈、焦距和拍摄距离的不同来实现。这三个元素当中只要其中两个元素不变，调动第三个元素就能实现景深的变化。如果需要调整光圈，则光圈越小，景深越大。如果要调整焦距，则焦距越短，景深越大。如果是调整拍摄距离，则拍摄距离越远，景深越大。

4.2.2 拍摄角度决定拍摄技术

　　拍摄，尤其是人物的拍摄，跟摄影师对立的一种人叫作"男朋友"。喜欢拍照的人都知道，有一种灾难叫作"男朋友拍的照片"，这样的照片是绝对没有勇气发朋友圈的。这种"男朋友"式的拍摄究竟是哪里出了问题？就是在拍摄角度和高度上出了问题。那些不走心的男朋友，你让他拍照他就正面怼在脸上拍，这样拍出来的多半都是大饼脸。我们东方人的面部特征真的经不起这样正面怼脸式拍摄的考验。而且他明明在身高上就占有优势，还不懂得蹲下来，在他低着头的时候为了不至于只能拍到头顶你就得仰着脸。这样的效果怎么看都有一种委屈巴巴的感觉，一点女王范儿都没有。所以，拍摄技术好不好关键就在于会不会灵活运用拍摄的角度。

拍摄的角度说的是拍摄者和被拍摄者的方向和高度关系，比如男性常用的正对脸的拍摄，明显就是方向关系当中的正面拍摄。而被拍的人需要仰起头才能被拍到脸的拍摄方式明显属于俯拍。拍摄角度当中的方向和高度可以分开来说，但是在拍摄的时候最好不要分开来用。只有同时考虑两方面的因素才能找到最好的拍摄角度。下面我们先说方向再说高度。

拍摄的方向关系主要分为正面方向、正侧面方向、斜侧面方向、背面方向四种。那种拍不出美感的正面拍摄主要是因为在高度上出现了失误，如果能够在高度上做一些调整的话，依然能够拍出不错的效果。毕竟正面拍摄是一种最常用的拍摄方向，因为可以拍到全脸，更有利于展现完整的面部特征和表情变化，还能让观众对被拍摄的对象产生一种亲近的感觉。如果是拍物品，正面方向的拍摄则有利于展示景物的横线条。不管是拍人还是拍物，正面拍摄都能拍出一种庄重沉稳的感觉，所以一些正式的场合都会采用正面拍摄，它的弊端就是不适合展现被拍摄者的空间感和立体感。

正侧面拍摄指的是拍摄者处于被拍摄者的侧面，镜头跟被拍摄者的正面呈 90 度角。这种拍摄方向便于表现被拍摄者的运动方向、运动姿态和轮廓线条，多用在运动状态下的拍摄。同时这个拍摄方向可以很好地展示两个人物之间的关系以及表现交流的感觉，所以一些谈判、对抗之类的场景，也会采用正侧面拍摄。

摄影机位于被拍摄者的正面和正侧面之间时，这个拍摄的方向就叫作斜侧面方向。斜侧面方向能够同时拍到被拍摄者的正面部分和侧面部分，同时还能拍到环境和背景，增强画面的空间感。如果是多人拍摄，这个方向则能够很好地突出主次关系。

背面方向不用多做解释，它能够增强观众的参与感和现场感。当镜头跟在被拍摄者的后面拍摄的时候，观众就好像跟着被拍摄者行进一样。同时因为看不到被拍摄者的面部表情，观众会本能地展开联想，可以很好地激发观众的好奇心。

了解了拍摄角度当中的方向关系，下面我们再来了解一下高度关系。因为拍摄者和被拍摄者之间的高度不同，拍摄高度又可以分为俯拍、仰拍和平拍三种。我们说的俯拍、仰拍和平拍其实是指摄像机在拍摄时候的角度。当摄像机镜头的位置高于被拍摄者平视目光的高度时，就叫作俯拍；摄像机镜头低于被拍摄者平视目光位置时叫作仰拍；如果摄像机的位置跟被拍摄者的平时目光处于同一高度就是平拍。这三种不同的角度拍出来的感觉跟我们平时看到的感觉是相似的，平拍出来的效果是最真实、最稳定的，也最符合我们的生活体验。特别是拍特写镜头的时候一定要使用平拍的角度。但是平拍时镜头会被拍摄主体遮挡，不利于环境和背后的拍摄。俯拍会给人一种压抑感，被拍摄者会显得委屈和无助。但是如果用来拍摄物体的话，物体的立体感会得到很好的展示，拍摄景物时场景的空间深度也会得以展现。而仰拍的时候，被拍摄者就会给人一种高大、威严的感觉，就像我们仰着脸在看一个人时的感觉。

当我们了解了景别、景深和拍摄角度的一些知识之后，完全有可能拍出不错的效果。这些知识并不难理解，关键在于手感，而手感需要在不断的实践当中慢慢找到。所幸的是，这种实践对我们来说再简单不过了。要践行上面的这些知识，只需要一部手机就可以了。除此之外，要想更进一步提升拍摄技术，还要了解运镜和光线的使用。推拉摇移跟甩等不同的运镜方式可以让我们的视频内容显得更加炫酷，高超的光线运用技法也会给视频的内容增加几分艺术感。但是对于我们日常的拍摄来说，了解了之前详细讲解的知识就已经够我们出发了，现在只要不是在极端的环境下进行拍摄，手机自带的光线调整也是能够满足日常需求的。了解这些知识之后，就能在最开始的时候把握好视频内容从选题到拍摄的所有细节，这些都要在我们的脚本写作中予以体现。如此，精彩的内容对我们而言就不再是靠运气了，精彩内容的每一步我们都能做到有迹可循。

4.3 作品上传的几个重要细节

　　当一个短视频内容完成了脚本的写作和内容的拍摄之后，下一步自然就是把它发布出去跟大家见面了。在很多人的印象当中，既然内容拍摄都已经完成了，直接按照上传的步骤要求发布出去不就行了吗？实践结果证明，凡是抱有这种想法的人都将付出很大的代价。我见过不少视频号新手，他们拍摄的内容质量并不差，就是因为在发布的过程中有些细节没有处理好使得之前所有努力都付诸东流。我们把作品上传的话题单独另说，就是为了最大限度地避免这种情况的发生。

4.3.1 随拍随发是最要命的草率

　　有不少很随性的短视频拍摄者都有一种随

手拍的习惯，其实随手拍应该算是一种好的习惯。有些珍贵的素材的时效性很强，有些特殊的事件和场景复现的可能性比较低，还有一些灵光一现的想法需要及时呈现。这都是随手拍好的一面，可是这种随性也有极为草率的地方，那就是他们总是随手拍完之后，随手就发出去了。这就犯了视频号作品发布的大忌。当我们在微信的"发现"页面通过视频号的入口进入主页时，可以在主页的左上角找到那个人形的图标。点开就会看到图1所示的二级页面，然后点击左下角的"发

图1

图2

表视频"。在图2当中我们能看到可以有两个不同的途径进行新内容的发布，一个是"拍摄"，一个是"从手机相册选择"。而选择"拍摄"的都属于比较草率和随性的随拍、随发的一族。这种方法绝对不是我们所提倡的，我们希望更多的人都"从手机相册选择"，而且选择的内容应该是在完成拍摄之后经过了剪辑、编辑和音效处理的。

后期的剪辑和音效处理，我们都可以通过在手机上运行的移动端视频编辑软件来完成。比如剪映、巧影、快剪辑等软件都是使用率比较高的应用，还有腾讯专为视频号打造的剪辑软件秒简，熟练使用这些软件之后完全能够应付高质量视频内容所需要的一切后期处理问题。而且，视频号平台现在也已经具备了初步的后台编辑功能，也基本可以满足视频内容后期剪辑和音效处理的需求。我们所要记住的就是，除了时效性特别强的热门事件的现场拍摄一类的内容之外，其他多数情况下尽量遵循先脚本，再拍摄，经过后期剪辑和音效处理后再上传发布的原则。

4.3.2 频率和节点一定要把握好

包括短视频在内的所有形式的内容输出，一定要把握好输出的频率和节点。作品发布的频率太高、太低或者波动过大都不利于内容的传播。有些视频号的新人刚到一个新的战场热情高涨，作品发布的频率很高。一段时间之后，新内容的创作速度跟不上，作品的发布频率就会慢慢降下来。等到热情消退，可能很长时间也不发布一个作品。还有的人在发布时间的选择上也很随意，他选择发布时间的标准就是看情况。具体看什么情况？就是看自己作品完成的时间，看自己空闲的时间，或者干脆就是看心情，什么时候想起来就什么时候发布。一个真正用心的视频号玩家是绝对不会这么做的。因为不管是作品发布的频率还是作品发布时机的选择，视频号都有自己的一定之规。我们在视频号的平台上做事，就意味着要在这套规则下做事。

视频号一天可以发布几条内容？目前还没有具体的限制。也就是说只要你想，只要你有足够的内容，你就可以在一天内发布很多条内容。但是从传播的角度来说，内容的发布密度并不是越多越好。那么，到底发布多少才是符合视频号传播规律的呢？目前来看，传播效率比较好，又能保持持久的频率应该是日更。也就是一天发布一条新的内容的频率是比较合适的。因为我们在认证的时候就已经选择了精准的领域定位，而每个领域的受众都会有自己特定的活跃时间，你只要保证在每天的这个时间发布新的内容，就能很快被平台和用户识别并记住从而获得相对较好的传播效果。我对一些刚上手的小伙伴的要求是每周最少发四条内容，一是考虑到了新人的内容输出能力，二是因为这是及格的水平。我当然希望他们能做到日更，但是不能为了追求频率而影响了内容的质量。在视频号的平台上，影响视频号权重的五个因素依次为：原创度、好友互动率、作品垂直度、完播率、发布频率。所以，万万不可因为最后一位的频率而影响到第一位的原创度。

除了内容发布的频率，还有一点需要注意的是发布的节点，也就是你的内容选择在什么时间发布出去。很多新人不会注意到这一点，经常是拍摄剪辑完成以后紧接着就上传、发布。很多人还会因为白天有各种事情需要忙而不得不在半夜发布。这也是非常不明智的，因为这个时间段在线的人已经很少了，视频的点击率和完播率都会受到不小的影响。不过也有一些刚刚调整发布时间的小伙伴反馈说区别并不是很大，这多半是因为你的传播还没出圈儿，你只是在自己的社交资源内传播。在这种情况下发布节点对视频点击率和完播率的影响真的不是很大，因为视频号平台并不会标记视频发布的时间。但是一旦出圈儿，这个影响可就大了。所以，找到适合自己的发布时间节点是一件非常重要的事情，而且越早越好。

为什么是找到适合自己的发布时间节点呢？难道不是线上人群活跃度高的时间就是好的时间节点吗？这句话其实也不能算错，不过，我们得从两个层面来理解：我们要选择线上活跃用户多的时间发布内容，但是一定要选择自己的目标用户活跃的时候。因为不同的时间段活跃的人群是不一样的，适合发布的内容也不一样。

早上5点到8点，这段时间是人们起床上班的时间，很多人都会在上班的路上打开手机。这个时间段适合发布一些新闻类、学习类的内容。毕竟是新的一天的开始，有的人想听点新鲜事儿，有的人则想趁着这段时间多学点东西。

中午12点到下午1点，这个时间段是休息、换脑的时间。适合发布一些轻松、休闲的内容，比如娱乐、八卦和幽默类的。

晚上7点到9点，这个时间段是很多人进行深度学习和阅读的时间。适合发布一些知识密集度大、质量较高的知识类的内容。不过，这个时间段也是各路大神集中发布的时间，选择在这时发布内容需要一定的竞争能力。

晚上10点到12点，这个时间段虽然人群活跃度依然不低，但是已经不太适合深度学习了。这个时候发布一些情感类的、心理类的或者是亲子类的内容更符合大家的需求。

选择一个合适的时间节点发布内容，可以有效提升作品的点击率和好友的互动率，但是这里说的时间节点是作品被用户看到的时间，而不是你上传作品的时间。因为在你上传作品和用户看到作品之间还隔着半个小时到一个小时的平台审核时间，我们需要把这个时间差算在里面。

4.4 视频号
不得不说的几条红线

  视频号的玩家有很多不只在视频号一个平台上做内容输出，还有不少做内容输出的人都在竭力构建自己的内容输出矩阵。这些也是被视频号平台所允许的，毕竟让人人都有创作的权利，让更多的长尾小号拥有更大的生存空间是视频号平台的初衷之一。既然这些在多个平台做内容输出的人想要构建自己的输出矩阵，那就免不了要在各个平台的账号之间进行各种引流操作。尤其是视频号的出现时间相对较晚，他们就会想当然地把视频号当作一个引流工具，可是很快就会发现他们受到了平台的限制和惩罚。甚至还有一些小伙伴说，在用视频号为自己的微信社群引流的时候，受到了平台的警告和惩罚。他们满腹委屈地抱怨，不是说视频号是微信生态系统当中不可或缺的一环吗？不是说做视频号就一定要打通视频号、公众号和社群吗？怎么在微信生态体系内引流还能受到惩罚呢？其实，利用视频号向其他平台导流，在微信生态体系内互相引流是被平台所允许的，之所以会发生这样的不愉快主要是在具体的操作方法上出现了问题，因为不规范的操作触及了视频号平台的红线。现在我们就来说说，在视频号的操作过程中那些原则上的和技术上的容易触及底线的操作。掌握了这些才能期望在这个平台上有好的发展。

4.4.1 利用头像、封面和简介违规导流

这可能是曾经触犯人数最多，也是无心之过人数最多的平台底线。很多人都是因为不太熟悉视频号的规则，习惯性地导流而受到处罚的。甚至还有很多人收到了违规通知后，才知道原来自己已经在不知不觉间违反了操作规则，而且已经受到了处罚。根据当时视频号的规则，视频号用户不得利用头像、名称、封面和简介，去引导用户关注公众号或其他平台账号，或添加个人微信号、扫描二维码等方式进行导流，也不能发布营销信息等涉嫌导流的内容，更不能直接用某种职业来作为自己的名字，比如律师、培训师，等等。

初次出现这样的问题，一般只是会被要求清空、删除相关

内容，比如清空头图、视频号名称和简介，同时会被告知违规事由和处罚决定。被通知的视频号用户只需要换一个合规的头图、名称或者修改一下自己的简介重新申请，一般都会通过审核的。但是修改视频号名称的机会一年只有两次，这么一改也就浪费了一次机会。如果持续违规，还可能会被平台方限流、降权直至封号。

不过上面所说这些基本上都是视频号曾经的底线，视频号从内测到今天一直在不断地提升和完善，各项规则也发生着变化。比如，现在视频号已经没有封面的说法了，我们所看到的那个类似封面的画面，其实是这个视频作品第一帧的画面。而且现在利用视频号的简介引流到自己的个人号和公众号的行为已经变得合规了，所以这些违规的行为现在都得在前面加上一个"曾经"。但是曾经被判定为违规的行为现在再说的价值在于避免"一朝被蛇咬，十年怕井绳"的心理。尤其是现在已经合规地利用视频号简介进行引流的行为，有些曾经因此受过警告和限制的人，从此就再也不敢尝试了。这无疑是非常遗憾的事情，所以做事情，尤其是在一个新兴的平台上做事情，一定要记得及时更新自己对平台规则的认知。既不可盲动，也不可因噎废食。

4.4.2 诱导、胁迫用户进行分享、关注和点赞

"涨粉""赚钱""加粉""关注""分享"这些视频号用户念念不忘的词，很多人都会不可避免地在文案和视频内容当中提及。可是经过实践之后，结果却很是不同，由此而来的认知改变也大有不同。有的因此受益，也有的因此受到平台的处罚。受益的人对此爱不释手，而受到惩罚的人自然就会对此避之唯恐不及。为什么会出现这样的情况呢？自然不是因为这些视频号绝对不允许分享、关注和点赞，这些词完全是可以出现在视频中的，这么做也并不违规。视频号判定违规的依据是是否进行了诱导，比如利益诱导、红包诱导、胁迫等。正常地引导大家关注没问题，比如那些"点赞有奖"，以及"不分享不是真爱"。而"不点赞就是不支持手艺人"等字幕和话术便会被判定为煽动和胁迫用户，运用了这些字幕和话术的会受到平台方的处罚。第一次违规或者情节较轻的会被清空视频内容，多次违规则会使得处罚升级。

4.4.3 各种侵权行为

"搬运"是一些缺乏内容生产能力，尤其是缺乏原创能力的内容输出者经常使用的一种简单、粗暴看似最有成效的行为。他们会选择一些优质内容直接放在自己的账号上进行发布，由于原内容质量较高，一般都会在短时间内收获比较大

的流量。但是在视频号平台看来，这是一种严重的侵权行为。轻则立即删除内容，重则直接封号。同样构成严重侵权行为的还有冒充他人的视频号，并搬运原用户内容的行为。这些侵权行为会被判定违规并被要求重新更换视频号名称和删除侵权内容，限流、降权和封号等处罚自然也是不在话下。一般情况下，这些严重的侵权行为都带有强烈的主观故意色彩，还有一些主观色彩不是那么明显的行为也会被判定为侵权，比如带有其他平台水印、LOGO 的内容和图片或者包含版权商标的内容，甚至是版权不明的背景音乐，一旦被判定侵权，所有的处罚一样都不会少。所以，我一再告诫视频号训练营的小伙伴们，做视频号第一要戒懒、戒贪，不能因为图省事就去冒着被封号的危险触碰平台的底线。这种行为一旦被平台记录，对视频号的影响将是毁灭性的。同时，在进行内容创作选用素材的时候也一定要小心再小心，尽可能做到亲自去拍，去创作。实在无法自己去完成的内容也要尽量在视频编辑软件或者视频号平台提供的素材库里选用素材和背景音乐。就算是使用自己在其他平台上的内容也一定要把水印和 LOGO 的标志去除。这样做就是一定要在侵权的问题上做到万无一失。

4.4.4 不当评论和互动

很多新人都有一种惯性思维叫作"互粉思维"，他们的口号是"有赞必回，互粉涨粉"。还有很多这样互粉的群，群里的人都会互相点赞评论，一来能够增加群友视频号的点赞和评论量，二来也可以增加自己视频号的曝光率。如果是在他人的评论区留下了高赞评论，粉丝还会沿着账号找过来成为自己的粉丝。这种带有一定互助性质，甚至有双赢效果的互动，原则上并不会触及视频号的规则底线。但是如果是在短时间内频繁评论和点赞他人的作品，就会被平台判定为违规，也会受到限流降权等一系列的处罚。所以，我一再叮嘱视频号训练营的小伙伴，尤其是很擅长做社群运营的小伙伴在评论区互动时一定要懂得克制，万一因为点赞或评论过于频繁而被判定为违规就得不偿失了。另外，在别人的评论区发表不当评论也会被判定为违规，所以评论留言也一定要小心谨慎。

05

CHAPTER

第五章

策划先行，在未发生时决定输赢

5.1 账号定位，做人群中最闪亮的那一个

早在讲人脉变现的时候，我们讲过个人品牌管理的重要性。当时我们说为什么要进行个人品牌管理，就是为了让更多的人能够更加方便地发现你、识别你、记住你。这就必须给自己定位，如何做好自己的定位？其实就是两个阶段、两个维度。这两个阶段就是定位阶段和标签阶段，两个维度指的就是看待自己的两个角度，分别是自己看自己和以陌生视角看自己。两个阶段和两个维度在对自己的账号进行精准定位的过程中是互相渗透并同步进行的，只不过不同的阶段需要侧重的点不同而已。

5.1.1 自己看自己，准确找定位

要准确找到合适的定位需要从两个层面理解定位，分别是精准的垂类、精准的呈现。要做到这两方面的精准就必须对自己有一个深入和客观的了解，你得能看懂自己的优势和劣势，才能扬长避短，找到真正适合自己的战场。

第一，怎么准确找到自己的垂类？

简单来说，就是利用自己的职业、资源、技能等方面的优势，就是你哪方面做得比别人好，或者哪个领域你比别人更熟悉。这个最简单的判断方法是，你以什么为生，一件有人肯为你付费让你能够安身立命的事，这件事对于你来说多半是比较擅长的。还有一个判断的标准是，平时认识你的人多在哪方面寻求你的帮助，如果你身边的绝大多数人都觉得你某一方面能够为他们提供帮助，并用自己的行动表明了态度，我们就一定要尊重他们的选择。

第二，怎么找到精准的呈现？

精准的内容就是最适合自己的内容，找准垂类的目的是方便系统识别自己，从而精准地推荐给自己的目标用户。而精准的呈现说的是怎么把精准的内容用精准的风格呈现出来。虽然是同样的内容，但是不同的人来做就会有不同的风格和味道。这个风格的取舍也取决于自己对自己的了解，怎么找到适合自己的呈现风格呢？就是我们说的两个维度，是冷静严密

的叙事风格还是热血沸腾的演讲风格，就需要自己看自己，感觉哪种风格自己做起来更加得心应手。另外就是别人看自己，看看他们眼里你的哪种状态看起来更加自然流畅。这就是属于你自己的风格。

5.1.2 别人看自己，贴好标签

给自己定位有两个阶段，第一个阶段就是找定位，第二个阶段就是传达这个定位。只有在第一时间内能够被别人识别的定位才是真正有用的定位，否则就没有任何意义。你的定位只有自己知道，要让别人准确识别你的定位，你得学会给自己贴标签。标签贴得好，别人才能在一大堆同类账号中一眼把你识别出来，这就是一种机会。以后要让他们持续关注你、粉你那就是另外一种技巧和能力了。怎么给自己贴标签？原则就是优点在哪里，标签就在哪里。常见的贴标签的方法有如下几种。

1. 名字就是账号名

比如我的视频号账号就是我的名字：张萌。我为什么要用我的名字作为我视频号账号的名字？因为有我们700多万青创小伙伴的支持，我们一起努力把我的这个名字变成了一个青创陪伴者和畅销书作家的品牌。我的名字就是我的优势。所以，用自己的名字作为账号名的前提是，你的名字就是品牌。

比如著名心理学家武志红，他的视频号的账号名字就是这三个字："武志红"。当然，如果你的名字并不像武志红作为心理学家那么知名，那最好在名字下面加上一个备注，比如我的名字下面加的标注就是"作家"，这是我其中的一个身份。别在这时候让用户去思考，说"这个名字我好像有点熟悉，但是并不能在第一时间想到他是干什么的，我还需要思考或者搜索一下才能做出判断"。千万不要把这些事情留给用户，既然他对你并不是那么熟悉，也就说明你对他而言并没有足够的吸引力让他去做这些事。除非他们在看到你的名字的时候就能想到你是谁，你是做什么的，你将会给他们提供什么样的内容，能够给他们带来哪方面的帮助，否则就一定要在名字下面做必要的说明。

2. 职业或者是品牌名作为账号名

如果注册人是个素人，没有什么知名度，这样的人其实占视频号玩家的大多数，这也符合张小龙做视频号的初衷，最简单的方法就是直截了当地在账号当中告诉大家这个号主要是传播什么内容的，最常见的就是"某某聊职场""某某聊创业""某某说运营""某某读书"等。大家看到这个账号第一时间就能判断出这是谁，在做什么事情，传播的是什么样的内容，可谓一目了然。

3. 账号名称里的故事元素

这样的账号名称适合一些具有传奇色彩的故事，或者自己身上具有一些独特的能够吸引人的元素的创作者。他们可以把这些元素融合到账号当中去，这同样是一种不错的方法。比如逆袭者某某，这样的账号你看到之后会有什么样的期待？首先，可以明确地感知他是一个逆袭者，他经历了从无到有，从落魄到光鲜的蜕变。这样的一个账号，这样的一个人，他应该会分享蜕变过程中的心得和技巧，而且会让大家觉得他分享的东西一定是离我们更近的，更接地气的，也更容易被我们所吸收，这样的账号是有吸引力的。比如，残疾舞者某某，这样的账号你会想到什么？逆商？不服输？自强自立？很理智？全部都是正能量，这样的账号会激发怎样的预期？面对逆境的智慧，坚忍不拔的心性，永不放弃的人格品性，总之，非常具有吸引力。发觉自己身上独特的一面，然后融合在自己的账号当中，它的核心要素是对比的冲击力和超越平庸的颠覆性。当然，它必须是你身上具备的，你去挖掘的，而不是为了取得这样的效果而去杜撰的。

通过这样的方法，我们就能很好地把既定的标签贴在自己身上，让它在人格标准化的账号当中第一眼就被发现并记住。这是我们账号精准定位的第二个阶段，把找到的定位通过贴标签的形式准确传达出去，这是在完成第一个阶段的基础上进行的。通过第一个阶段，我们首先要明白自己账号的定位是什么，这样才能在第二个阶段把这个定位准确传达出去。这两个阶段一直贯穿着自己看自己和别人看自己两个维度，或者叫作视角。在第一个阶段，更多的是自己看自己，即使需要站在别人的立场看自己，也是为了从别人的判断中得出看自己的结果。而在第二个阶段，我们则需要更多地站在陌生人的角度，了解他们的认知状态。在整个账号定位的过程中需要有作为一个传播者的觉悟：永远不要指望别人有通过努力来认识你的义务，永远不要放弃让别人认识你的努力，通过自己的努力尽可能扫除你们之间的一切障碍，为别人认识你提供一切必要的便利，这是作为传播者的觉悟。

5.2 脚本写作，让精彩有迹可循

对一个内容输出者而言，谁都想要出彩，但是精彩的内容从哪里来？有些特别"淳朴"的人觉得要想输出精彩的内容，就一定要先活得精彩。还有一些人承认精彩永远只出现在生活的某个瞬间，他们坚持的是顺其自然，有点"文章本天成"的意思，这是他们很难出彩或者很少出彩的必然原因。如果对那些经常出彩的人有足够多的了解，就会发现绝大多数的精彩内容都是有预谋的，当然并不是所有的预谋都能出彩，但是大多数时候他们的赢面要比别人更大一些。我们要出彩，要经常性地出彩，就一定要学会做一个有预谋的内容输出者。而预谋就必须有一个好的脚本，而我现在在说的这个脚本比通常意义上的脚本可能要更加宽泛一些，它包含了三个方面，分别是选题、文案和拍摄统筹。

5.2.1 选题就是价值和价值观的高能载体

内容输出要么提供价值，要么提供价值观。打一个比喻，价值和价值观就像一个极具实用性的卫星，想要把这颗卫星发射出去必须有运载火箭。卫星能不能进入预定的轨道，覆盖到预设的人群，在很大程度上取决于运载火箭能不能把卫星带到那里。这个运载火箭就是我们的选题，它是价值和价值观传播必不可少的高能载体。要想出一个好的选题，下面几点我们一定要做到：

1. 用聆听的期望代替表达的冲动，找到用户的期望

什么样的选题能够引起大家的关注？要么与他们相关，要么讨他们喜欢。这句话换一种说法就是摸准用户的心理预期，并将其作为挑选选题的重要参考。作为表达者，做容易做的事情就是从自己感受最深的地方说起，从自己认为最重要的地方说起，核心是自己，靠的是自我感觉和想当然，这是我们做选题最大的忌讳。很多人做不出有吸引力的选题不一定是技巧问题，而是因为他们的世界里没有别人。一个世界里没有别人的人，自然不太可能用内容来打动别人。所以，做选题第一个技巧就是用聆听者的期望代替表达者的好恶，在选题的

取舍时忘记真实的自己，记住人设当中的自己。你要输出的一定要符合自己的身份设定，这才是用户的期望所在。

2. 克制，鲜明而准确的主题

当确定要做一个选题的时候，一定要训练自己能用一句话来表达这个选题的内容。短视频的内容一定要鲜明而准确，这一分钟的内容一定要浓缩为一句话。自己一定要反复去打磨这句话，看看这句话能不能准确概括这一分钟的内容。这时候我们需要克制表达的冲动，一分钟的内容什么话都想说，哪个点都想触及，结果很可能什么都说不明白。只能有一个主题，而且这个主题还要足够明确，标准就是用一句话来说明，还要让别人能听懂。刚开始训练的时候，我们需要借助一些刷屏的优秀内容，从观察和分析中去找感觉。很多事情就是这样，当我们接触到一个技巧的时候，先要去找感觉。因为自己还不能马上就做得好，需要从已经做得很好的东西当中找感觉，同时也是在建立一种思维的惯性。带着技巧和感觉去实践，把这种感觉用在你的内容当中，这样就会顺畅很多。

3. 借势，将热点元素融入内容里

做内容热点是绝对不可忽略的一个要素，热点除了本身带有的热度和流量之外，也是代表了当下人们关注的点和多数人的心理预期。所以，做选题的时候一定要会借势，但是借势

和融入热点是一个比较巧妙的事情。这个技巧的关键在于主次的把控。有些指导者的观点是一定要寻找热点，只有一直拍热点才会有更多的人关注你，你才能获得更多的粉丝。这种事实确实是存在的，但是这样的粉丝其实是没有太大价值的。做视频号一定要以变现为目的，我们需要的是精准化的粉丝。所以，把控好视频号的定位和价值，这才是"主"；而热点是"次"。"次"是要为"主"服务的，因此借势热点时需要先看看这个热点是否符合你的账号定位，以及如何去做好热点和定位的融合。比如有一个剧非常热，但是你的定位是职场赋能者。其实你需要的就是剧中某个人物作为你的一个话题切入点，这就需要把这个热点融合在你的主题当中，打造一个好的选题。

4. 话题性，开放才有互动

一个好的选题必然充满参与感和互动性，这种参与感和互动性从哪里来？就得从选题的话题性和开放性当中来。这个特性是我们在确定一个选题的时候就要设定好的。开放性的话题有两个特点：其一就是答案不唯一，只要能够自洽就是个好答案。其二就是公众性体验。不唯一的答案和公众性的体验会给粉丝带来很强的参与感和互动的冲动，这样的选题他们不仅爱看，还很乐于评论。想想看，一个视频他不光自己看，看完之后还要忍不住说两句，评论之后还会给身边的人看，让他们也发表一下观点。这不就是我们梦寐以求的传播力吗？

5.2.2 脚本是所有精彩的预案

　　选题确定了之后，就该进入文案写作环节了。文案指的是在视频内容当中，除了画面之外的一切表达方式，包括有声的讲述和无声的字幕。要写出好的文案，下面的几个技巧不得不学。

1. 黄金三秒法则，三秒决定点开

　　好的脚本写作，首先要具有的一个功能，就是让人在看了第一眼之后决定点进去一看究竟。这个过程很短，短到只需要三秒钟，这三秒钟是我们的机会期。怎么去实现这种功能？举一个大家都很熟悉的例子：

　　少女内衣为何频频失踪？

　　女生宿舍为何深夜发出异响？

　　楼道里的黑影究竟是人是鬼？

　　凶宅宠物狗为何深夜惨叫？

　　这一切究竟是人性的扭曲，还是道德的沦丧？

　　……让我们一起走近科学。

　　这是曾经的央视经典节目《走近科学》的经典开场白。现在其已经被演绎出了各种不同的段子，尤其是那句"这一切究竟是人性的扭曲，还是道德的沦丧"已经到了快要被玩儿坏

的程度了。这个诠释的就是三秒钟法则的技巧运用：一个极具悬念的提问或者是富有争议性的话题。这上面的几个问题，都能很好地做到悬念设置。而人性的扭曲还是道德的沦丧，引发的是什么？讨论。而且关于人性和道德的讨论是一个非常开放的话题。

2. 要有故事，要有人

好的内容一定是因为讲了一个好的故事，好的内容一定有故事、有人。很多人说好的内容一定要有翔实的数据，而且要多用，在修辞上尽量多用排比，这样可以增强语言的张力和感染力。这都没错，我也非常赞同。但是，这些需要建立在故事和人的基础上，如果没有故事、没有人，就会变成干巴巴的数据加上一堆空洞的理论。这个故事我们说的是故事性，时长虽短但是故事性所要求的铺垫、转折、冲突和颠覆一定要完整。这里面的技巧是两句话交代人物，比如：

我是一个重新回归大山的一线城市逃离者。为了改变家乡的面貌，我主动从北京的大公司辞职回到家乡。

人物、背景，两句话交代清楚。然后设置一个困境：

回到家乡，曾经的万丈豪情马上变成了焦虑和迷茫……

接着，你需要一个过渡，你得讲出各种尝试和努力，当然多半是一些大家都能想到的常规的努力：

我曾经……

我曾经……

我曾经……

这些常规的努力结果都不好，听故事和讲故事的人都有了一种共同的情绪。这时候需要一个反转，这个反转才是真正想要表达的东西，这个东西最好具有一定的颠覆性：

终于……

如果在反转之后还能做一些提炼和总结的话，那么整个短视频又能得到一个提升。内容虽短，故事和人必须有，这是短视频文案的一个硬性要求，麻雀虽小五脏俱全。如果这样的一个故事需要一个标题的话，按照我们黄金三秒法则的要求，它可能是这样的：

离开北上广深的年轻人，难道注定要一事无成吗？

3. 话题是开放的，但是一定要有立场

开放性的话题是我们为了增加用户的参与感和互动性对内容提出的一个要求，但是开放性的话题当中作为内容的输出者一定要有自己明确的立场。开放的话题答案不是唯一的，但是你一定要给出自己的观点，而且还要明确地给出。你给出的这个观点既可以是一个引子，引导更多的人参与进来，也可以是一个靶子，他们或同意，或反对，或补充，或站在新的角度提出新的观点，这要有赖于你的观点作为对标。所以，脚本文案的写作一定要有立场，可以是方法，可以是观点，也可

以是态度。

4. 千万别忘记你的 slogan（口号）

视频输出的一个重要目的就是让更多的人注意你，让看到的人记住你。不管是哪一条内容，其中你的 slogan 都是不可或缺的元素。slogan 是你的内容定位的一个补充和强化，每次看你的内容都能看到你的 slogan，他们就会在你和你的定位之间建立一个强连接。

除了选题和文案之外，脚本的写作还包括了拍摄场景、环境、人物的着装，以及动作、道具，甚至是拍摄的机位和后期剪辑，等等。但是这些内容跟拍摄的技巧关系更加紧密，我们把它们放在拍摄和剪辑这部分内容中来做介绍。

5.3 抓住头三秒，给用户一个点开的理由

对于内容输出的策划，我们说要找到精准的定位，要写出一个精彩的剧本。这些都可以帮我们创作出更优质的内容。但是同样是那些高质量的内容，一旦发布出去却很有可能面临截然不同的命运。有的在短时间内就能获得不错的播放量，以及不错的点赞数、评论数等互动量，然后顺利出圈儿。有的却一点动静都没有，所有的数据都很难看。到底是哪里出了问题？原因就在于这些内容在封面处理上的不同态度和方法。

5.3.1 好封面锁定第一眼

说一个大家都很熟悉的事情，我们都有过

在书店选书的经历。想象一下，某一天你不是很忙就想去书店逛逛，看着书店里摆着满满当当的书，你通常会翻开哪些书呢？答案很明显。在目标和方向都不是很明确的状态下，我们都会下意识地翻开那些封面做得很漂亮的书。在过去的几年时间里，我利用空闲时间陆续出版了十多本书。每次在封面装帧设计的环节我都会特别小心，因为我很早就知道在图书行业有个三秒钟定律。这个定律说，当一本书被放在书店里的时候，它的命运就取决于读者看到它的三秒里。当一个人的注意力停留在一本书上超过三秒，那么他就有一半以上的概率会打开它。那些没能留住读者三秒钟注意力的作品，基本上也就算是错过了。而打开之后那就是内容的事情了，封面的作用就是负责决定这个产品命运的三秒钟。但是以我对于这件事的认知，总觉得三秒的说法还是有些过于克制了。在我看来，我们决定一个产品的命运根本就用不了三秒钟，一个产品吸引我们的注意力超过两秒钟就足够改变它的命运了。这说的是图书的封面，如果说到短视频的封面，这个时间可能还要短一些，甚至可以缩短到一秒钟。这主要是因为我们在被动接受这些短视频的时候，注意力处于一种不断游移的状态，所有的选择几乎是在下意识当中做出来的。所以，当我们在看到一个视频的封面之后的短短一秒钟之内，决定是要打开还是选择就此滑过，这个过程可能连我们自己都没有意识到。

5.3.2 封面到底是怎么被我们看到的

就像刚刚说过的那样，当我们看到一个短视频封面之后，在短短的一两秒钟之内就会下意识地做出选择。但是，有些经常接触视频号短视频内容的人，好像并不曾留意过封面。这其实是跟视频号内容分发的途径有关。视频号上的内容通过什么样的途径出现在用户的面前呢？最常用的途径有三个：视频号、微信社群和朋友圈。朋友圈和微信社群是视频号在微信生态系统当中的两个外延渠道，可以把新的流量导入自己的视频号当中来。这个导入的效果到底好不好就要看短视频内容的封面质量如何了。如果是在视频号内部，当我们通过关注、朋友的点赞或者是热门推荐看到一个短视频内容的时候，我们一开始看到的就是一个动态的画面。在这种情况下我们对视频内容封面的感觉还不是特别明显，有的封面甚至就是在最开始的时候闪那么一下，时间很短甚至都来不及看清楚上面的内容，倒是那些没有特意制作封面的内容视觉体验中反而更加流畅自然一些。

但是跟我们在视频号内部看到的动态画面不同的是，在社群或者朋友圈里看到的是一个静态的画面，这时候不同的封面体验差别就出来了。我们看看下面这几张图。

图 1

图 2

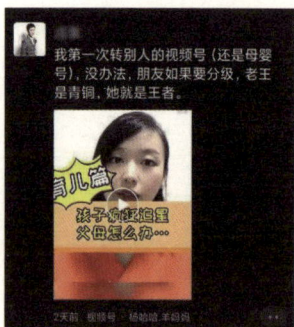

图 3

　　这是来自我们视频号训练营一位学员的朋友圈截图，都是微信好友发在朋友圈的视频号内容。我们看到的都是类似这样的静止状态的图片，图 1 基本上看不出是什么内容，也不知道到底是要表达什么，就连被拍摄人物都呈现出一个模糊的侧影。图 2 是人物正面照，再搭上一个金句，这个内容的主题就比较突出了。而图 3 的文案一看就是特别精准的垂类内容，封面上给出一个典型的问题，相信宝妈们看到这样的一个封面都会有想要点进去的冲动。通过对照，不同封面给用户带来的体验差别就已经很明显了。当然最糟糕的情况还没有出现在这几幅图里，我在学员的社群中经常会看到有些新人发出来的视频出现黑屏的情况，这就非常糟糕了。一个黑屏画面发在社群里，别人又怎么去判断要不要为你的传播助力呢？按照视频号的传播逻辑，别人为你助力也就意味着他需要为视频内容的质量背书。面对一个黑屏，别人就算是有心为你助力，也不知道应该怎么做。当然，谁都不会相信有人会故意发一个什么内容都没有的黑屏出来。这个什么都看不到的黑屏，很明显只是技术失误而已。

5.3.3 抓住头三秒的几个抓手

1. 开机就要有画面

一个好的封面应该是什么样的？这并不容易给出特别准确的界定，但是我们总见过很多并不怎么好，甚至是很不好的封面。所以，我们都知道一个不好的封面应该是什么样的。现在，当我们说一个好封面的时候，先从不好的封面说起。先从最糟糕的黑屏现象说起，因为黑屏对传播的影响最大。之所以会出现这种尴尬的情况，就是因为我们在拍摄的时候往往都是先开机，等确认开机之后再开始拍摄。这就会导致视频拍摄完成之后，最开始的前一两秒钟视频的画面是空的。这样的内容发在朋友圈和微信群里的时候就会出现黑屏的情况。所以，为了不出现黑屏的情况，一定要保证视频内容的第一帧就要有画面。可是很多时候视频的第一帧画面很难准确表现出视频的主题，就算是不黑屏效果也不是很好。所以，最好的办法就是在视频内容展开之前先播放一两秒设计好的封面。目前视频号的版本支持封面自由选择，如果没有固定的模板封面，自己也不想再费那么多精力去制作一个封面，还有一个比较省力的办法：在自己的视频内容当中选择一个既美观又能凸显主题的画面作为封面就可以了。如果这些工作都不做的话，那一定要注意第一帧的画面，因为视频号会把视频内容的第一帧画面默认为封面。

2. 封面画面的张力很重要

选出来作为封面的画面，其张力一定要足够强，否则就很难算得上是一个合格的封面。什么样的画面才是张力十足呢？首先是故事的张力，这主要是针对故事性较强的内容来说的。最好是选择故事核心当中最能展现矛盾冲突的画面作为作品的封面。其次是主题的张力，这主要是针对知识密度比较高的内容。最好是选用最能展现出镜人跟主题内容契合的特质的画面作为封面图片。最后是情感的张力，也可以叫作视觉冲击力。主要是针对一些画面诉求较强的内容，比如美妆类、旅游类、手艺类、美食类的内容。美妆类、手艺类、美食类的内容，自然应该把最有视觉冲击力的成品图片作为封面。而旅游类的内容自然应该选择把最美的景致作为封面展现给大家。

3. 用文案金句来点睛

封面自然少不了合适的画面，但是一个只有画面的封面尚不足以成为一个好的封面。好的画面可以给人以较强的视觉冲击力，但是在对主题的精准阐述上却具有很大的局限性。特别是在一些知识类内容上，这方面的限制尤其明显。所以一个好的封面一定是画面和文案相辅相成的。画面负责形成视觉冲击力，而好的文案则能起到画龙点睛的作用。能够让读者在第一时间准确领会视频内容的主题，只看一眼就知道你想要什么，并快速判断这个东西对自己的价值，这样才能在最短的时间内捕获目标人群的注意力。这个文案既可以是一个金句，比如图 2 封面当中的那个金句。也可以是一个狙击用户痛点的问题，比如图 3 当中的那个问题。

4. 凸显文案，绝对不能靠色

我说的靠色不是某种颜色，而是我们对于颜色的使用方法，就是把三种相似度很高的颜色混在一起使用的方法。如果在封面设计的时候我们也这样使用颜色的话，就算是好的画面、好的文案，也很难做出好的封面来。说一个最直观的感觉，当我们看影视剧的时候，故事的主人公准备说一句特别重要的话的时候，突然画面一闪，一片雪景之中主人公穿着白色的衣衫，偏偏字幕的颜色也是白色的。这是一种什么样的感觉？如果你看的是中文字幕的原声外语片，而你的外语水平又明显不够用，你会是一种什么样的感觉？这就是当我们的封面出现靠色时用户的感觉，当然他们对我们发布的作品的热情绝对比不上对影视剧的热情，所以当我们封面里的背景、主体和文案的颜色高度相似的时候，他们会在第一时间选择滑走。再好的作品，恐怕也没有多少传播的机会。

　　好的作品不应该只有高质量的内容，还要有好的包装。用好的封面设计，在视频号内容发布的各个途径成功抓住用户的前三秒，这就是我要分享给大家的关于视频号封面设计的关键技巧。

5.4 抢占注意力需要发挥前后的钩挂作用

5.4.1 私域流量要能自由掌控，随时使用

　　一位做视频号的朋友聊天时说，好的视频号内容一定是前有钩、后有挂的。对于他的这个总结我表示深度赞同，这个钩和挂的比喻，说得具体点就是引流和导流的能力。其实在不少的语境当中，引流和导流是意思差不多的两个词，经常可以相互替代使用。而我所说的引流和导流的含义是有着明显的区别的，这一点必须厘清。我所说的引流指的是视频号用户从微信这个超级流量池当中获取流量，把流量池里的公域流量引来变成自己的私域流量。而导流的意思则是把从流量池里引流来的流量，导入自己的公众号、微信号和社群当中，为最后

的变现做转化准备的过程。这两个词可以理解为流量变现之前的两个阶段，引流负责获取，导流负责固化。

我们聊这个话题是因为有很多看起来很热闹的视频号，它们的流量吸附能力却很弱，就像一个人有足够的能力来获取充足的高营养食品，但是对营养的吸收能力却非常有限。这样一来，好不容易获取的流量就变成了过路的流量，什么都不会留下。这是有悖于我们做视频号的初衷的，还是那句话：如果不能用来变现，你要那么多的流量有什么用？经常有小伙伴们对我说他们的一条短视频播放量有多少，他们的点赞达到了一个什么样的数量。能取得这些成绩确实应该受到肯定，但是我经常会问他们：然后呢？对，我想通过这个问题了解一下他在这波流量小高潮当中把多少围观式的流量导入自己的生态系统当中，转化成了真正可以用来变现的私域流量。这里我们需要升级一下对于私域流量的认知，并不是所有观看过你的内容的流量都能叫作私域流量。只有那些可以高频触达、自由控制、反复使用的流量，才能称为私域流量。

而刚才我们提到的那种前有钩、后有挂的视频号内容，它们之所以能够称得上好，就是因为它们拥有获取流量的引流功能和固化流量的导流功能，让这些流量可以被我们自由掌控，反复使用。

5.4.2 好内容的几个要素

直观地看，一个符合"前有钩、后有挂"的标准的好内容
到底应该是什么样子的呢？就是下面我们所看到的这个样子：

图1

图2

图 3

图 4

这几条内容不仅收获了上百万的播放量和数万的点赞量，同时还让很多的陌生人找到我，然后成为我们中的一员。这应该算得上是好的内容了。那么这几条内容当中什么是获取新流量的"钩"，什么又是帮助沉淀和固化流量的"挂"呢？

1. 好的标题是好内容的标配

一个好的内容首先要有一个亮眼的标题，标题起得好看，大家才会忍不住想要跟身边的人一起探讨。当然，这个前提需要点赞，还要转发分享，这样才会有跟身边的人一起探讨的基础。我们看这几个截图当中的标题，图1的标题是悬念式的，通过疑问制造了悬念，特别容易勾起人的好奇心。一句"你上大学时钻过小树林吗"就会激起用户的无限想象：

为什么上大学要钻小树林呢？

作者为什么会钻小树林呢？

作者钻小树林的结果是什么？

在这份好奇心的驱使下，他会忍不住要点开来看。然后就会看到一个1000天实现自我人生逆袭的故事。同频的人自然会明白你要说的是什么，也自然会分享给身边同频的人看，然后一起讨论。

图2的标题是痛点式的，直接跟用户说"不改掉这几点，你会一直穷"，一个"穷"字戳中了人性的痛点，充满了刺激互动感。简单、直接，相信看到这个标题的人会忍不住心底一颤。"到底哪几点会让我一直穷下去？我到底中了几点？"所有不想一直穷的人，就都会为你贡献播放量，甚至还会成为你的粉丝。

图3的标题是故事式的，而且加入了对比的写法，让故事更有戏剧性和冲击力，"30+女人，从负债到年入百万"，"30+"的年龄对一个女人来说意味着什么，相信身处这个年龄的女人都深有感触。而接下来的"从负债到年入百万"的逆

袭结果，相信是很多这个年龄段的女人的梦想。你觉得一个"30+"的女性目标用户，她会对此无动于衷吗？

当然，好的标题绝不仅仅是以上几种模式，但是它们都有一个共性，要么是讨用户喜欢的，要么就是跟用户紧密相关的。在此基础上，或者引起他的情绪共鸣，或者直接击中他的心中所虑，或者是点燃他心中的希望，再或者是抛出同频价值观之上的观点引发讨论。类似这样的好标题总能够让你的内容超出熟人和社交资源的限制，直击同频的一类人。

2. 位置和话题，找到地理位置和心理位置的邻居

在图 1 当中我们发现，在内容的下面位置有北京市的标注，这是因为我在上传发布作品的时候在文案当中添加了"所在位置"。这样系统就会自动把内容推荐给同样位置的人，这无疑又会帮助你收获一波新的流量。我并不总是选择这么做，因为我获取新流量的原则是价值观的同频，这个可能比地理位置上的相同还要重要一些。不过这个方法仍然不失为获取新流量的一个不错的方法。

除了所在位置之外，还有一个获取新流量的小方法就是带上"话题"，从操作上来说这么做也没有什么难度。只需要点击"# 话题 #"，所有添加了这个话题的视频你就都能够看到了。如果给自己的内容添加一个热门话题，那么这个话题下聚集的流量就很有可能被你吸引过来。而且，一个内容还可

以同时添加几个话题，这绝对是获取新流量的好办法。

3. 链接和片尾，让新流量沉淀到你需要的地方

前面两个都是可以帮助我们获取新流量的"钩"，我们还需要帮助我们沉淀和固化流量的"挂"。这个"挂"在什么地方？在上面的三幅图当中都有，那就是公众号链接的添加。在图 1 当中，我链接的是我的一篇公众号文章《为什么你 30+了，却越来越穷？》，这篇文章和这个视频的内容、主题是一致的，只不过视频号的内容受时长所限，所有的表达都被高度浓缩了。而这篇文章却能够对这一主题进行系统、详尽的阐述。用户通过视频号下面的链接找到这篇文章，然后更加全面地了解我，了解我对这一主题的观点和看法。这就是一个流量沉淀和固化的过程。图 3 我链接的是认识张萌萌姐，粉丝可以认识一个更全面的张萌，认识张萌在做的事情，认识跟我们一起做事的同频小伙伴们。很有可能他也会成为我们当中的一员，这同样是流量的沉淀和固化。图 4 我链接的是我的新书发布文章《致敬 2021：做时间的主人》，粉丝在这里会了解到更多的利用时间来让自己变富的内容。

好的内容的"挂"还有一个，我们在图上没有展现出来，那就是利用片尾来沉淀和固化流量。比如在片尾处添加自己个人品牌的 slogan，或者是一句固定的结束语来强化自己在粉丝认知当中的定位标签。让大家记住你是谁，你是做什么的

或者关注你可以得到什么。

好的内容都有两个特点，前面有钩，后面有挂。前面有钩，能够帮助我们获取新的流量；后面有挂，能够帮助我们把这些流量导入我们希望它们去的地方，然后进行沉淀和固化，为我们的流量变现做好准备。我们做视频号就是要做这样的好的内容，怎么才能做出这样的好的内容？我践行过的技巧就是以上分享给大家的这些。

06

CHAPTER

第六章

运营策略，
好的传播
需要好的维护

┼─────────────

6.1 用有效互动做好用户维护

关于视频号的运营，我们在之前其实已经做过一些分享，比如提供价值，用价值观吸引跟自己一样的人；比如黑白灰，视频号弄潮者的自我形象管理。这些其实都是视频号运营的内容，只不过这些都属于"道"的范畴。但凡属于这个范畴的内容，其指导意义要远远大于示范作用，对于我们深刻了解某些事情的底层规律的认知破壁有着不可替代的作用，但是它也有自己的局限性，就是这类内容往往并不负责直接解决某个具体的问题。负责直接解决问题的知识，属于与"道"相对的"术"的范畴。"道"与"术"是一对相辅相成的概念，而道术兼顾也是我做事的一贯风格。所以，既然我们在前面分享了视频号运营的"道"的部分，接下来肯定还会分享"术"的部分。现在我们要分享的就是关于视频号运营的非常重要的一个方法：如何用有效互动做好粉丝维护。

所有做内容输出的人都明白粉丝的重要性，做视频号也是如此。从某种意义上来说，粉丝就是内容输出者的命，但是却有不少人并不太懂得怎么善待自己的"生命"。见过不少刚开始做视频号的小伙伴，他们把主要精力都用在怎么找到自己的精准定位，怎么生产出更高质量的内容，以及如何把握好发布的节点以期让更多的人看到这些重要的事情上。这些事情确实非常重要，他们的努力也确实没有白费，我所说的这些小伙伴，他们的作品的曝光率、播放量的数据也很好，但是评论区却安静得让人心里不安，也有一些人的评论区是热闹的，但是这种热闹往往并没有多大的价值。这都是因为他们不懂得怎么去做粉丝维护，让很多人兴冲冲地来，又急匆匆地走了，来走之间什么都没有留下。

6.1.1 为什么必须做后期的粉丝维护

很多粉丝维护工作做得不好的人，他们的问题并不只是因为不知道怎么跟粉丝做好互动，还在于他们可能根本意识不到这么做的重要性。那么跟粉丝的互动到底有多重要呢？可以这么说，号主跟粉丝之间的互动已经重要到了视频号都忍不住要帮上一把了。为了促进粉丝们积极主动留言，跟号主之间形成良性的互动，他们开始想办法让更多高质量的粉丝主动留言，这些留言者被大家戏称为"蓝朋友"。因为这些主动评论的人，他们的昵称是蓝色的，所以被称为"蓝朋友"。视频号给这些"蓝朋友"的主动留言评论的回馈是，粉丝们可以通过点开蓝色昵称的方式找到对方的视频号，这其实就相当于是对方通过这种方式来给自己引流了。而且他们的评论留言还会以滚动字幕的形式出现在视频号内容的画面当中，视频号把这些滚动播出的评论叫作"浮评"。视频号主还可以对这些评论进行回复，视频号主的回复也会跟"蓝朋友"的评论一样，在视频内容当中以浮评的方式滚动播出。我也对这些评论进行了回复。有效的互动重不重要，到底有多重要？我们没有必要做过多的理论分析，但是有两个重要的标准值得参考。首先，视频号不可能贸然去做一些无关紧要的事情；其次，那些时间管理做得很好的人，他们要是去做一些事情，肯定也有他们的理由。既然视频号在做这个事情，以高效时间管理作为自我标签的萌姐也会抽出时间来回复评论、留言，这件事情到底有多重要，我们完全可以自己去想象。

6.1.2 如何对评论区进行管理

我们讲视频号玩家的自我修养时说过，黑白灰是视频号弄潮者的自我形象管理原则。这句话要是落到实处，更多地可以体现在我们对评论区的管理上。我一直有一个观点，那就是不管你是多棒的流量达人，也不管你的粉丝对你的忠诚度有多高，只要你开始做视频号，就一定要有遇上黑子的心理准备。而且我还认为，遇上黑子其实是一件好事，这说明你的传播力已经突破粉丝圈儿，开始接触到更多的陌生人了。那么我们应该怎么对待这些黑子呢？对待不太友好的评论、留言，我们通常会采取下面这几种方式：

第一时间开始辩解，如感觉有必要就直接开始，甚至跟不友好的评论者你来我往唇枪舌剑，直到把对方驳得哑口无言为止。

很多流量较大的人都会拥有一批死忠粉，他们比视频号主更加受不了这些不友好的言论。一旦出现这种情况，可能根本就用不上视频号主自己动手，死忠粉就会自己开启轮番攻击，发誓要让人家赔礼道歉。

还有一种情况，视频号主会对所有"不太友好"的评论进行区分。有些不太友好的评论虽然话说得不太好听，但是很中肯或者还有不少警戒和建设性的意见。对于这样的，我们需要表示感谢并接受建议。而有些不太友好的评论就纯粹属于个人好恶和情绪的发泄，面对这样的情况，我们会选择暂时性失明，看到就跟没看到一样。

　　萌姐的视频号浮评内容都很和谐，其实这都是萌姐对评论区进行管理的结果，并不是萌姐有多么幸运，没有遇到过喷子。在这里我请大家记住一句话，任何一场低质量的争论都像是一场没有赢家的战争，最大的受害者就是战场的主人。如果选择把自己的评论区变成这样的战场，就要做好足够的心理准备，自己的评论区可能会变得乌烟瘴气。

　　这样几种不同的处理方法分别会导致什么样的结果呢？这里有两个现象，一个叫作顶上去，一个叫作沉下去。让那些和谐的、有建设性的评论被顶上去，让那些不友好的、没有任何价值的评论沉下去。这是我们进行评论管理的核心原则，具体的做法就是想要把什么顶上去就去关注和回复什么，要想让什么沉下去就选择性地忽视什么。这也是由视频号评论区的法则决定的，在视频号的评论区哪些排在前面，哪些排在后面，不是由留言的时间决定的，也不是由昵称首字母的排序决定的，而是由回复和点赞量决定的。那些高赞留言和得到视频号主回复的总是能够被排在前面。见怪不怪，其怪自败，欣赏什么，想要用户看到什么就去回复什么，或者引导更多的粉丝去为其点赞。对评论区进行管理，我们就应该这么做。

6.1.3 像管理自己的评论区那样去管理别人的评论区

　　如果只是管理好自己的评论区，那最多只能算是做好了分内的事，只有做到了像管理自己的评论区一样去管理别人的评论区，才算是做到位了。为什么还要管理别人的评论区？因为别人的评论区聚集了大量新的流量资源。如果管理到位，这些资源就很有可能为己所用。那又该怎么管理别人的评论区呢？很简单的一句话，做好更多准竞品视频号评论区的蓝朋友。我们说要像管理自己的评论区一样去管理别人的评论区，这说的是一种心态，具体管理的方法还是要有一些区别的。

首先说要做谁的蓝朋友，也就是说我们从谁的评论区去吸引新的流量效果要更好一些。应该是准竞品的视频号主的评论区，我们在这里吸引新流量的效果相对要好一些。什么是准竞品的视频号？也就是说你们的目标用户的三观是基本一致的，但是你们所满足的用户痛点又是有所区别的。比如，你的视频号定位为好书分享，你的目标人群是积极上进、喜爱阅读的人。这样的人会出现在什么地方呢？个人成长修炼类的视频号下面，职场技能分享类的视频号下面和创业管理知识分享视频号的下面。因为你跟他们满足用户的痛点各不相同，但是从本质上来说你们的目标群体相似度很高，流量资源互通的可能性也很大。这就是你的准竞品视频号，做这些视频号主的蓝朋友，会有更多同类的人主动找到你。最好不要去管理竞品视频号和关联度太低的视频号的评论区，这样做的效果不会很好，还很有可能给人一种不够厚道的感觉。尤其是在竞品视频的评论区，如果你表现得很活跃，即使不被算法认定为违规，也会招致别人的反感。

6.2 将对"爆款"的拿来主义进行到底

关于视频号的内容制作，不管是脚本写作还是在内容的拍摄方面我们都分享了不少的内容。一个高质量视频号内容生产者的养成是一个比较漫长的过程，如果想在高质量的基础上再表现出自己的风格，需要走的路就更长了。这需要我们长期不断地提升自己，打磨技艺。但是风口从来不等人，一个新事物的红利期往往就那么短，想要赶在红利期内在这个领域占领一席之地的话，就不能抱着这种慢慢来的心态。赶风口就是要醒得早，来得快，行动利索，在更多的人入场之前快速形成自己的影响力。

怎么才能解决能力养成慢、速度要求高的

矛盾？坚持两手发展，成为一个内容制作和输出的高手，这个终极目标绝对不能变，努力也不能停。但是我们需要给它一个成熟和成长的过程，而在这个过程中我们需要通过对现有资源的利用让自己快速形成影响力。这就需要有极强的拿来主义的精神和觉悟，还要掌握高明的拿来主义的技巧。

前人说"天下文章一大抄"，说的就是文章写作上的拿来主义，视频内容的制作上也有一种拿来主义的说法叫作"拍同款"。拍同款是视频号新人在短期内出爆款内容的简单有效的方法，但是我说的拍同款绝对不是简单的模仿和照搬，那不是拿来主义，那是照搬主义，那是很 low（低级）的一种行为，如果你是认真地做视频号就千万不要这么做。虽然照搬也能在短期内获取一定的流量，但是其本质上无异于饮鸩止渴。不管是平台算法还是在用户粉丝的眼里，照搬别人内容的视频号就算拥有一定的流量也不能算是一个高质量的内容输出者。这样的视频号是没有什么出路的。

我们所提倡的对爆款视频的拿来主义也是需要一定技巧的。相对于锤炼自己的内容生产能力而言，对爆款的拿来主义更像是一种应急状态下的速成办法。但是，速成并不意味着毫不费力和不要技巧，要想把对爆款内容的拿来主义的效果发挥到极致，既能在短时间内输出爆款内容又不至于显得很low，下面的几点就一定要做到。

6.2.1 在成为高手之前要认识高手

做内容输出一定要拥有开放的心态，不能自己关起门来闷头憋大招，事实上憋出的所谓的大招，更有可能是自己以为的大招而已，而发布出来的内容最终得到的结果极有可能跟自己的努力和付出很不相配。所以，心态一定要开放，一定要能容得下高手。在自己成为真正的高手之前，一定要先成为高手的知音。我们对经常处于流量顶端的几个视频号一定要做到心中有数，不仅要知道号主是谁，还要知道它们各自的特色和最突出的优势。这就需要我们持续关注其输出的内容，并进行分类对比和分析，而不是简单地看一眼排行榜那么简单。我经常会要求视频号实战训练营的小伙伴们，一定要对顶流的视频号进行长期的观察和比对分析，还要以团队的形式进行讨论。这里有一个知识点需要注意，就是我们要有开放的心态，要将其最终为自己所用。

6.2.2 建立自己的爆款话题素材库

作为一个拿来主义者，我们不仅要认识高手，还要认识自己容易出爆款内容的话题。当你把这些容易出爆款的话题作为素材储存在自己的话题素材库里的时候，你就有了一个核心创意，就能快速在素材库里进行检索而后快速匹配。给自己的内容搭配上最容易成爆款的话题，作品的传播力度瞬间就能提升不少。这些东西从哪里来？还是要从对竞品高手的观察和分析当中来。但是我们做这些事的时候一定要先把自己定位在前面。我所说的开放的心态其实是一种有限的开放，不是直接的"拿来主义"，而是选择那些跟你定位相关的话题。简单地说就是选择适合自己的高手类型，只有适合的才是真正有用的，才值得占用我们的时间和精力。

我曾经见过一些小伙伴，今天发一个关于创业的内容，明天发一个关于两性情感的内容。虽然两个视频的内容都很不错，但这对于视频号的长远发展并没有多大的帮助。这是跟上一节所说的做别人的蓝朋友不同的地方，做好别人的蓝朋友，从别人的评论区引流最好要避开竞品视频号。而收集和储存爆款话题则一定要紧盯竞品，从它们的验证结果当中找到最有可能为我们所用的内容。当然，并不是说只有被竞品验证过的爆款话题才能放进我们的话题素材库。准竞品类的视频号的爆款话题同样也可以为我们所用，只不过一定要用得巧妙。

图1的截图来自我们一天点赞过万的视频号内容。我们看这个内容的封面上所呈现的内容：一个是画面，这是画面对我的形象呈现，我还是比较满意的；一个是文案标题，这个标题也在很大程度上助力了内容的传播。第一帧要有画面，如果是视频号主出镜，第一帧的画面一定要保证号主形象的一切需要，要有精准吸睛的文案标题。这个视频内容的封面截图，

图 1

同样可以印证我们关于作品封面说分享的一些内容。

现在来说一下这个视频的话题，其实这个内容真正要说的是经济独立对于一个女性的重要性，因为我的小伙伴们是一群又忙又美的人。但是这个封面上我们看到的标题文案却是"撒娇女人 / 贤惠女人，哪种好命？"，为什么不直接说"经济独立对于女人很重要"，而先用这样一个话题作为这个视频内容的标题？因为这个话题更感性，更符合女性目标群体的心理特征，而撒娇的女人更好命则是一个自带热度的热门话题。

再加上跟它相对的贤惠的女人，把两个话题放在一起进行讨论，就是一个很有爆款潜力的话题。用这样的话题来承载我想要表达的核心观点，在传播上确实能带来不小的助力，这个话题来自我的话题素材库。

6.2.3 拆分高手的套路并化用

拍同款是一个剑走偏锋的险招儿，非常考验运用者的分寸感。这一招如果用得好，一个新人照样能够借此获取较好的传播效果。但是稍有不慎就会变得很 low，甚至还会有抄袭的嫌疑。具体应该怎么用？照搬肯定是不行的，只改里面一些人和物的名称也显得简单粗暴，同样会显得很 low，最好的办法是化用，这需要对高手的爆款内容的套路进行拆分。我们首先得承认每个高手都有自己相对固定的套路，有时候一个高手还会同时拥有几个好用的套路，经常在自己的作品中交替使用。高手这样做最起码有两个大的好处：一个是用经过验证的套路进行内容生产效果总要比重新琢磨套路更为稳妥；再一个就是经常使用相对固定的套路慢慢就会形成自己的特色，对于视频号的品牌效应有着不小的帮助。这个套路包括个人表达的套路、内容脚本写作的套路以及人物设定的套路。我所说的对高手的爆款视频进行长期的观察和分析，除了对爆款话题进行分析和整理之外，自然也包括对这几个套路进行拆分和化用。

视频号实战训练营的很多小伙伴都喜欢对我的视频内容的套路进行拆分，他们还做了如下的总结：

"萌姐，你总是喜欢用问题作为标题，然后在问题的解决过程中一步步阐述自己的观点。"

他们还举例说："比如你的这些标题：'你会放弃百万年薪在海上追鲨鱼吗？''你会把买房的钱给弟弟当彩礼吗？''撒娇女人／贤惠女人，哪种好命？''你赞成婚前同居吗？''女孩如何逼自己自律？'你就连讲自己的故事都要用提问作为标题，比如：'为奥运梦退学我错了吗？''你上大学时钻过小树林吗？''为什么我从全国排名第三的浙大退学？'"

他们说："萌姐，你讲故事的时候总是爱用反转和逆袭，比如'30+ 女人，从负债做到年入百万'，比如'三十岁北漂迷茫宝妈践行学习五环法创业成销冠'。还有你讲述自己和学员小伙伴们的故事也都充满了反转和逆袭。"

他们说："你总是喜欢用很多的数据，还要让这些数据形成排比，比如你在讲学生的故事时说：'2002 年，一年顶三年她考上北外；2006 年大学毕业用十年时间从月薪 2800 到年入百万的五百强高管；2019 年，她信心满满地辞职离开了安逸的职场……'比如你在讲述叶倩的故事时说：'六年前在家人的质疑、朋友的嘲笑当中她辞去了光鲜亮丽的国企铁饭碗……

把一家 100 平方米的瑜伽馆在两年内经营到三店两销，收入也翻了 5.5 倍……'"

不得不说，他们对我的作品输出观察得很仔细，总结得也很到位。这些也确实是我经常使用的套路，没别的原因，就是这些套路我已经用实践反复验证过了，效果是真的好，那就要坚持用下去。再者就是，这些套路因为我一直在用，慢慢地就成了我身上的标签。经常有小伙伴们说："萌姐的作品特色很鲜明，很多时候我们只看内容的表现风格就能知道这一定是萌姐的作品。"这些不都是一个内容输出者想要的结果吗？

所以，作为一个视频号的新手，要想第一时间在这个新兴的平台上占有一席之地，在不断提升内容生产能力的同时，一定要让自己具备在短时间内做出爆款视频的能力，而这技能的习得就绝对离不开对爆款内容的拿来主义的借鉴。当然，这也只是一时的权宜之计，对自己内力修为的提升也一刻不能放松。不过，只要这个过程你做得足够用心，从认识高手到成为高手也只是时间问题。

6.3 不能不会的视频号"涨粉"技法

视频号的传播机制和视频号传播的底层逻辑在前面已经分享过了。现在我们再来分享几个能够一说就会、一看就懂、一用就灵的视频号短期内快速涨粉的方法，然后让这些方法帮助我们在做视频号运营的早期就稳住局面，只有营造一个好的开始局面，我们才能赢得慢慢成长的机会。

6.3.1 发掘视频号内部的涨粉潜力

视频号的涨粉通道大体上可以分为内部通道和外部通道。内部通道可以理解为视频号平台内部的涨粉通道，比如视频号内容当中的引流行为。外部通道指的是微信生态内，视频号平台外的涨粉通道，比如朋友圈和公众号。现在我们就来把这些通道的使用办法盘点整理一下，最大限度发掘微信生态的视频号涨粉潜力。我们先来说视频号内部的涨粉通道：

在视频号内部引流涨粉，最常用的办法就是在视频底部加文字引导语。比如有些视频号玩家在每条视频内容的底下都会加上"关注×××× 了解更多相关知识"，或者"关注×××× 获取更多干货"之类的话。还有的写着"我们致力于分享×××× 干货"这类的话。这就属于典型的利用视频底部的引导语来引流涨粉的做法，虽然这么赤裸裸的涨粉方式萌姐用得并不是很多，不过对于视频号新人来说，这真的不失为在不违规的情况下引流涨粉的一个有效办法。

在内容的结尾处利用语言和图片引导粉丝去点赞和关注。我们见过很多连续剧式的内容输出者，他们会在每一期内容的结尾处设置一个问题，然后用"关注我，下期告诉你答案"的类似话术来引导用户关注和点赞。还有的视频号玩家只是在内容的结尾处加上一个足够勾人的问题来作为下一期的主题预告，然后什么都不说。就像我们平时看的电视剧的分集剪辑的技巧一样，情节发展到最紧要的地方这一集也就结束了。为了得知剧情的走向，观众就会在强烈好奇心的驱使下，不自觉地点开下一集。不过越是这样稍显含蓄的表达方法，就越需要深厚的功力作为支撑。如果没有特别明显的话术引导，那问题的设置就越要巧妙和足够吸引人。而且这样的方式给人的感觉要舒服很多，人在好奇心的驱使下为了一探究竟主动去关注，比在话术的提醒下被动地去关注，在体验上自然会好很多。还有的视频号玩家为了规避违规的风险，既不用语音也不用文字话术来表达，而是用图片来完成这一功能，比如用一个手势和一个心形的符号来提醒用户点赞，不过类似这样游走在平台规则边缘的引流方法我们既不提倡，也不鼓励。如果还有别的选择，这种方法就别用了。

再有就是利用对评论区的管理，跟用户之间建立更加紧密的连接，让他们主动点赞和关注。有用户在评论区提出疑问，就及时耐心地予以解答。比起直接在评论区给出答案更高明的解答方式是告诉他在哪里能够找到答案，或者予以有限解答，再告知更多更详尽的答案的所在地方。当然你所告知的这个答案所在的地方也应该是你的另外一个流量入口，比如你的公众号上的一篇文章。如果有人在评论区倾诉自己的迷茫和苦闷，一定要及时给予关心和指点，尽自己所能为其提供帮助。如果有人在评论区表达肯定和欣赏，别犯懒，一定要及时回复。哪怕是回复一个笑脸和一个握手的表情，这也是个拉近距离的互动。如果有人在评论区进一步询问你的信息，千万别大意，这是合作的机会找上门了。如果评论区出现了质疑和喷子，你除了心中暗喜之外什么都不需要做。就像我们在前面说的那样，暗喜是因为你的传播已经到了陌生人的社交环境，什么也不做是因为你回复什么就会放大什么，这样的评论就让它沉下去好了。

再有就是，由位置所激发的同城推荐和由话题带动话题推广，除此之外视频号还为每一个视频号用户准备唯一的名片——二维码。用户只需要扫描二维码就可以关注相对应的视频号。视频号主还可以把属于自己的二维码分享到微信群、微信公众号甚至微博、QQ 等，以此来为自己争取更多的曝光机会。

6.3.2 发掘微信生态内的涨粉潜力

发掘视频号在微信生态内的涨粉潜力，其实就是要打好各种组合拳，把视频号和微信生态内的其他功能配合使用。比如视频号 + 朋友圈、视频号 + 公众号、视频号 + 微信社群。

1. 视频号 + 朋友圈

微信对于朋友圈的定义是"在这里，你可以了解朋友们的生活"，这是一个由熟人关系连接而成的相对私密的社交圈子。用户可以在这里发布自己生活里的点点滴滴，也可以看见好友们发布的各种状态。从传播的角度来看，在微信生态系统内朋友圈一直都是以辅助者的角色存在的。在视频号出现之前，朋友圈一直是公众号文章二次传播的重要阵地。很多公众号里阅读量 10 万 + 的文章都是经由朋友圈的二次传播产生的。现在要想发掘视频号在微信生态内的涨粉潜力，自然离不开视频号 + 朋友圈组合。

经由朋友圈对视频号的内容进行二次传播，可以成功激活视频号内容的双重传播。因为跟视频号一样，这些内容在朋友圈同样可以实现点赞和评论等功能。同时因为朋友圈的社交环境基础是"熟人"的强关系，他们之间会有相对较强的信任感。这样的社交环境的连接性较强，信任度也更高，传播的效果自然会更好。我们前面说过视频号内容出圈儿的基本机制，其实从六度人脉的角度来看传播的话，视频号的内容在朋友圈更加容易实现裂变式的传播。在朋友圈发布视频号的内容，有几个细节需要注意。

第一，为了避免信息传达得不完整，在朋友圈推送视频号的内容字数最好不要超过 140 字，因为超过 140 字之后内容就会被折叠。这会导致后面的内容不会被用户看到，从而影响传播的效果。第二，为了提高内容打开和分享的概率，可以选择发视频号主动艾特好友，主动邀请他们为你助力。第三，对内容的选择。因为好友如果选择在朋友圈为你助力，就意味着要为你的内容做信用背书，所以在内容的选择上可以做适当的取舍。我见过不少优秀的视频号玩家，他们并不总是第一时间把视频号的内容放在朋友圈里推送，而是先让内容在视频号的平台上稳一稳，如果感觉效果不错再在朋友圈里发布，让好的内容在朋友圈的助力下形成二次传播。毕竟朋友圈里的都是熟人，那些传播效果不是很好的内容就没必要烦劳他们了。这既是对好友们的负责，同时也是对自我品牌的保护。

2. 视频号 + 公众号

公众号比视频号出现得早，在视频号出现之前公众号一直是微信生态内深度、完整信息传播的主要阵地。视频号的出现也是因为这几年短视频内容传播的爆发，长篇图文的创作和传播局限性越来越明显。可以说视频号和公众号从功能上来说是相辅相成的。视频号的短内容经由视频号来传播，更完整、更深刻、更系统化的长篇图文内容经由公众号来传播。相对而言，视频号更像一个传播的窗口，而公众号更像一个稳固的阵地。很多经由视频号传播被我们所吸引的人，在观看视频号内容后只是好奇而已，可是经由视频号来到公众号，通过了解更加系统、更加深度的信息之后，会呈现出较高的路转粉的概率。在视频号内完成初次见面，在公众号下实现互动和深度了解，这是视频号 + 公众号组合的传播逻辑。所以，很多高明的视频号玩家会在视频号内容下面加上公众号相关文章的链接，同时也会在公众号文章中加入视频号的链接，以完成公众号和视频号的交互性引流。

3. 视频号 + 社群推广

社群推广已经不是一个新鲜事物了，但是很多新人对社群推广明显带有很大的误解。对于社群推广的误解主要分为两种情况。第一种误解就是社群推广其实就是"红包推广"的另一种说法，他们觉得新人进群需要发红包，然后抢到红包的老成员表示欢迎。另外，有人需要点赞、评论的就在群里发红包，并把自己的视频号链接和二维码发到群里，抢到红包的人前去打卡完成任务。很多人以为这就是社群推广了。社群推广的第二种误解就是错把客户群当作推广社群，以为只要把视频号的链接或者二维码发到群里就算是完成任务了。其实这也不是真正的社群推广，或者说这也不是有效的社群推广。为什么说红包推广和客户群推广都不是有效的社群推广呢？因为一个具备良好推广能力的社群都有一个共同的特征，那就是当你把信息发送给你的目标人群的时候，他们会主动把你的消息发送给更多的人，这个主动发送的过程才能被称之为传播。否则只能算是被动打卡，红包推广可以算是一种被动打卡。就算是在红包的刺激下能够得到一定程度的传播，这也不能算是良性的传播。客户推广群可能连被动打卡都算不上，因为你发到群里的信息能够得到他们主动响应的概率并不高。

什么样的社群推广才算是真正意义上的社群推广呢？这主要是由社群成员的三观一致性和精神凝聚力所决定的。我们视频号实战训练营的小伙伴们都是做社群运营的高手。在我们的视频号实战训练营刚开班的时候，我就一再跟他们强调社群的重要性，我跟他们说一定要组建自己的社群。因为我知道，他们社群的传播力是值得期待的。因为他们社群的成员都是一类人，他们的三观高度一致。他们积极、主动，充满正能量和利他精神。这样的人愿意主动传播一切优秀的内容，愿意先成就别人而后再成就自己。所以，发到这些社群里的信息不仅能够在这个社群内部得到良性的传播，真正好的内容还能在群成员各自的社群里得到好的传播，我们把这样的社群推广称为裂变式的社群推广，这样的社群推广才是真正有效的良性社群推广。

07

CHAPTER

第七章

新人也能玩得转的视频号变现法则

7.1 种草，纯小白的视频号变现之路

7.1.1 纯小白变现的希望：左手有课，右手有货

我经常跟我的青创客和视频号训练营的小伙伴们说，我是一个做事情看重结果的人。不管做什么事情，最后肯定都要落到变现上，而视频号所依存的微信生态系统本身就具有得天独厚的变现优势。因此，所有不以变现为目的的视频号玩家都只能是个看客。

现在我们就来聊聊视频号变现的问题，视频号从内部测试到现在也还不到一年的时间，但是已经有很大一批人开始了变现之路，而且还做得很不错，这当中有相当一部分是短视频领域的纯小白。他们实现变现的具体路径各不

相同，若是仔细划分，也不外乎如下几种：有货的卖货，没货的卖课。卖货和卖课是实现视频号变现的两种最重要的方式，说起来这两种方式好像都不适合新人，因为很多新人既没有货又没有课可卖。但是事实上恰恰相反，这些既没有货又没有课的人反倒是两条变现路径都可以走得通。因为还有一种路径叫作左手有课，右手有货，这是我为我们的视频号训练营的小伙伴们量身定做的变现模式。他们当中好多人都依靠这条路径实现了变现，其中的优秀者甚至已经实现了月入 10 万元的梦想。

我们的很多学员，当他们看到视频号的风口而加入视频号训练营的时候，他们的内心是比较迷茫和纠结的。甚至当我跟他们说让他们在一个月内实现变现的时候，很多人也是将信将疑的。但是有些人课程还没有结束就已经完成变现 10 万 +，这是超出很多人想象的事情。他们凭什么能够实现？因为他们一直在分享这些天他们的变化，当他们开始冷启动的时候，视频号的社交属性让他们六度人脉之内的人看到视频号的风口，同时也看到他的变化。然后有一些人就会想要跟他一起，并在他的影响下成为视频号训练营的同行者。在这个过程中他也会因为别人的不断加入而实现变现。

7.1.2 种草就要做好课与货的转变

从他的变现路径当中我们可以看到，作为一个短视频领域的新人，他一开始是没有供应链体系的，也就是既没有课也没有货的。这种情况在以往是完全看不到变现路径的，但是在视频号的平台上，在视频号训练营里这就变成水到渠成的事情了。首先因为这是在视频号的平台，视频号平台的传播机制的社交属性决定了当你冷启动的时候接触到的多半都是微信好友，或者是好友的好友，再或者是好友的好友的好友。这就是我们在反复提到的六度人脉链条上的社交节点，这样的一种传播路径又会带来怎样的不同呢？跟以往平台的完全陌生的人脉关系相比，这样的传播路径下看到你的人，他们对你是比较熟悉的，他们知道你是谁，知道你原来是什么样的状态。再有就是他们和你之间有一种天然的信任感，这是当我们在别的平台上看到同类型内容的时候都不会有的感觉。也正是因为如此，当你把自己身上发生的变化展现出来的时候，他们都会有一种强烈的好奇心。想要知道你为什么会发生这样的变化，然后你的变现就有了可能。这是视频号的传播机制所给予的两个便利，一个是真实感，一个是信任感。

对于在视频号训练营实现变现的小伙伴来说，还有一个变现的必要条件是训练营给予的，就是让你所听的课变成能够变现的货。为了助力更多的小伙伴迅速实现变现，所有入营的小伙伴可以申请代理课程的资质，这就等于把你正在听的课变成了你手里的货。早在我刚接触视频号的时候，就跟业内人士进行过变现问题的探讨。我们得出的一致结论就是变现是视频号的基本特征之一，而在视频号平台发展的早期，最适合新人变现的就是课程。所以在视频号的平台上，把自己的课程变成小伙伴手里的货，然后新人在视频号训练营做到变现就变成了一件可以实现的事情。

有一位小伙伴叫潘奕鸣，她是我们的微创业者，心理学爱好者，还是注册心理咨询师。当她决定要加入视频号训练营的时候，在短视频领域也几乎是一个小白。倒不是说她之前从来没有接触过短视频，以前她也在其他平台发布过短视频内容，但是因为没弄清楚平台的机制和规则，没多久就把账号给做坏了，根本就谈不上变现的问题。后来接触到了视频号，在视频号训练营很快就弄懂了视频号的机制和规则，也弄懂了到底什么是冷启动。她的第一条短视频内容是《70后北漂的成长之路》，这条视频在不到一周的时间达到 1.7 万的播放量、300+ 的点赞量、100+ 的转发量，那时关注她的好友还不到 500 人。这让她真正感受到视频号能穿透朋友圈，实现 10 的 6 次方的传播威力。因为她的这条接近 2 万播放量的视频，在 10 多天的时间内让她立即产生变现收入，因此实现了视频号的变现，她用自己的亲身经历证明小白在视频号上实现变现是完全可能的。这仅仅只是一个开始，至于以后，相信她会拥有更多的可能性和更大的空间。她是一位心理学的爱好者，还是一位注册心理咨询师，她还在传统零售行业做过 18 年的运营管理，这些都是她的资本。假以时日，相信她完全有可能，也有实力拥有自己的课程。

视频号为新人设计的这种通过分享、推荐某一款商品的特性，激起他人的购买欲望的变现的路径，其实早在网络上就有了一个名字，叫作"种草"。传统意义上的种草更加适合一些粉丝量大的流量型的玩家，比如拥有众多粉丝的艺人、明星，或者是在某个领域造诣精深的权威专家。名人和权威效应是他们种草成功的有力保证。相对而言，视频号对新人更加友好，它的熟人传播机制让号主和用户之间拥有一种天然的真实感和信任感，这才让新人种草也能拥有好的效果，比如作为视频号新人的潘奕鸣，她种草的成功正是得益于此。她曾经在一次业内交流会上，碰到一位同乡，几句寒暄，对方竟然说知道她。她很好奇对方是怎么知道她的，因为虽然是同乡，但是两个人素未谋面，而且年龄上相差两个年代。细问才知道，原来是她的视频号穿透了朋友的朋友的朋友圈。这件事再次让她对视频号的威力深信不疑。这就是视频号传播的魅力所在，也是新人在视频号上变现的有力保障。对于我们青创和萌芽以及视频号训练营的小伙伴来说更是如此，因为在一开始我们不仅为他们设计好了左手有课、右手有货的变现路径，还为他们准备好了可以转化为货的课，比如把之前出版过的所有的畅销书,如《人生效率手册》《精力管理手册》《加速》《从受欢迎到被需要》和《让你的时间更有价值》等浓缩成精华,它们的签名版都可以作为他们手里的货。还有我们青创、萌芽和视频号实战训练营里的各种课程,也都可以作为他们变现的货。作为青少年创业的陪伴者,我的宗旨是不仅为他们指明方向,还要把他们扶上马;不仅要把他们扶上马,还要再送他们一程。

7.2 连接的力量，
让更多的人看到服务

"今天是 2020 年 10 月 30 日。

"这是我视频号作品发布的第 137 天（6 月 13 日发布第一条），目前作品发布 70 条。下午收到一个业内第三方数据的榜单，荣获视频号 TOP 100 教育—认知博主自媒体类第 51 名。

"目前粉丝 12324 个，获黄 V 教育自媒体认证，通过视频号变现 10 万 + 自我介绍的那条视频拥有 11 万阅读量、1835 个赞、735 条评论，破万阅读量的作品 15 条以上。"

这是在视频号训练营 10 月的复盘总结当中，太阳姐姐的个人总结。严格来说她并不算是短视频领域的小白，在这之前她是一名生活在北京的"80 后"互联网创业者。2019 年，她兴致满满地与合伙人开始教育创业，半年之后遭遇创业负债，流量受限。焦虑无助之后，慢慢明白自己最缺的是互联网个人品牌。于是，从微博到抖音再到小红书，她花了很多时间、精力和金钱，但效果甚微。2月，视频号内测出来的时候，她就开始关注。但是那会儿，她看不懂规则，不知道怎么做。她这样的情况应该算是一个其他平台的长尾小号，有自己的账号，也努力过，而且在遇到视频号之前这种努力还一直在坚持，只不过结果真的是不怎么理想。

太阳姐姐遇见视频号之前的状态，恰好符合张小龙做视频号的初衷。她在接触到视频号之后迅速做出了自己的三个判断：视频号是普通人连接互联网的最佳路径；接下来的两年会是视频号崛起的红利期；有拥有 12 亿用户的微信生态作为后盾，视频号的发展前景不可限量。于是她决定要做第一批在视频号上试水的自媒体人，然后就第一时间加入了视频号训练营。通过不断的学习和在视频号平台上坚持分享自己的教育理念，到 2020 年 10 月，就取得了这样的成绩。她用自己的成绩再次证明，新人不仅能够在视频号的平台上实现变现，而且还能取得不错的业绩。

同样是新人，同样是在视频号平台上实现变现，跟潘奕鸣不同，太阳姐姐靠的是另外一种变现模式：服务获客。因为加入视频号训练营的时候，太阳姐姐自己是有货的，她的货就是自己的教育服务。也正是基于她的实际情况，我们在一开始就为她设计了服务获客这样一条变现路径。其实服务获客跟种草变现的变现逻辑基本上是一致的，都是通过分享某一款有形或者是无形的产品的特征和效果来达到成交和变现的目的。所不同的是种草的人自己并不提供产品和服务，他们是通过推荐第三方的产品和服务，然后以佣金和销售提成的方式实现变现的。而通过服务获客来实现变现的人，自己就是产品和服务的提供者，他们通过成交来变现。因为他们自己就是服务的提供者，跟依靠视频号社交传播的真实性和信任感来种草变现的方式不同，所以他们的具体操作也要有所不同。她通过服务获客来实现变现，她所发布的短视频内容主要在以下几个方向上发力。

7.2.1 展示自己的专业性

因为服务作为一种特殊的无形产品，无法给受众一个客观、直接的视觉感受，那就只能通过自己的专业性和权威性来征服受众，让他们从围观者变成粉丝，再从粉丝变成自己的用户。而要想展示自己的专业性，需要做好两个工作。首先是有一份好的简介，把自己的专业经历、获得的奖项、以往的作品等闪光点放到简介当中，为自己的专业性做背书。同时还要抱着一颗利他之心，免费帮大家解决一些教育方面的困惑和疑问。这一点太阳姐姐做得非常好，利他之心也是我们每一位小伙伴都应具备的基本素质，这种素质的利好在视频号的平台上体现得尤为明显。太阳姐姐不断在留言中征集问题，然后给予专业的解答，而后还会持续跟进。坚持这样做，不仅能够通过解决问题来展示自己的专业性，还能通过这种形式的互动增加跟粉丝的亲密感和信任感，就连评论区也都跟着热闹起来了。

7.2.2 分享授课过程增加现场感

服务作为一种无形的产品，最大的缺点就是过于抽象，缺少具体感受。即使如此，我们也要想办法使抽象的服务尽可能显得直观一些。而以短视频内容为主要输出形式的视频号刚好可以通过视频让这一服务现场化，让粉丝对提供服务的过程有一个直观的认识。不仅对教育的环境、场地有个直观的认识，就连传授知识的方式、方法都了解得更加清楚了。太阳姐姐的视频内容不仅有课程上授课的场景，还有课后指导的内容和学生学习之外的生活场景，让教育变得生活化，也更有温度。把一个冰冷、抽象的概念变成一个个直观、感性的场景。让无形的产品也能直入人心，让粉丝产生想要加入的想法。

7.2.3 分享结果反馈，让结果说话

一款有形的产品，我们看的是产品的外观、性能和各种参数，这些都是可以通过照片和数据直接提供给粉丝的。但是，一款无形的产品就算有很多证书和奖章为自己的专业背书，也只是向粉丝传达了一些可能性，至于服务过程展示，只能使得服务提供的过程变得更加清晰。这些都很重要，但是还没有重要到让他们做出下单的决定。而他们没办法决定下单，就无法成交，也就没办法实现变现。一款无形的产品要想真正打动粉丝的心，实现成交和变现就得让结果说话，通过对以往学员的回访和学习的反馈实现结果的呈现。

太阳姐姐通过这样的方式实现了服务获客的良好变现，她的一些做法值得所有提供服务的自媒体借鉴一二。这也是视频号平台变现的一种可靠的模式。

7.3 电商变现，发挥视频号的窗口作用

视频号还有一种重要的变现方式，变现并不发生在视频号之内，而是把视频号作为一个窗口，利用视频号引流，在微信生态内实现变现。按照变现终端的不同，电商在微信生态内实现变现的方式可以分为朋友圈公众号变现、直播间变现和小商店变现。

7.3.1 朋友圈、公众号变现

早在视频号出现之前，朋友圈就是微信变现的主要阵地。也就是大家早就非常熟悉的微商，现在微商经过几年的发展已经非常成熟了。在没有视频号助力的情况下，微商虽然也能够变现，但是能盈利的只有早期入场的头部

玩家，他们被称为"总代"或者"高级别分销代理"的上线，而且他们更多依赖底下为数众多的下线而非客户方。作为想要在朋友圈变现的小微创业者，现在想要入场微商获得不错的变现成果的可能性已经不是很大了。因为扎根于朋友圈的微商的变现逻辑其本质上也是熟人经济，只有微信好友才能看到你的内容。而大多数人的微信好友数量是很难支撑起一份事业的，这就使得他们通过各种渠道来添加好友，但是这时候添加的好友其实并不是真的好友。随意添加的好友缺少六度人脉之间特有的社交连接，没有多少信任感，在这种情况下就很难达成交易和变现。作为电商经济的一部分，朋友圈经济依然大有可为，只不过需要加上视频号的助力。视频号加朋友圈的变现逻辑和具体引流路径我们前面已经做了分享。而在公众号上实现变现则更加适合以文章为主要输出形式的知识付费。

7.3.2 直播间变现

在直播经济大火的背景下，变现的终端自然少不了直播间。视频号自然也不可能忽视这个重要的变现途径，所以在视频号全面放开不久，直播功能也慢慢开始了内测，现在视频号的直播功能也已经完全开放。现在的视频号用户只要开通了视频号，也就等于同时开通了直播功能。只要在视频号的页面点击人像按钮，进入个人中心就能在右下方找到发起直播的按钮了（见图1）。

按下这个按钮就可以看到"直播"和"直播预告"这两个选项（见图2）了，点击"直播预告"就可以对直播的时间和主题内容进行设置。点击"直播"的按钮可以对直播的封面和位置进行设置，然后同意相关协议就可以开始直播了。当

图1

图2

你发起直播之后，关注你的粉丝的视频号就会亮起直播的小红点，就跟你发布新的短视频内容时粉丝收到的提醒一样，不同的是这个提醒会被标注上直播。直播间变现除了成交销售之外，还有一个变现方式，那就是来自观众和粉丝的打赏收入。销售和打赏是直播间变现的两个最重要的方式，销售变现适合拥有有形产品的视频号主。而打赏收入更加适合拥有无形产品的视频号主，比如才艺、知识的分享和传播。

从 2020 年 10 月开始，我们就启动了视频号百万级网红主播营。经过几个月的努力，11 月我们带领 1000 名创业者在视频号总计直播过万次，为视频号玩家变现助力。一个刚刚进场的新人主播，一场直播销售过千单在主播营里都是很常见的事情。我们的一位小伙伴视频号开播 4 天就变现 10 万 +，我们的视频号百万级网红主播营也因此被业内选为年度经典案例。

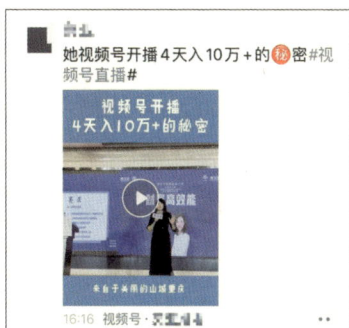

图 3

7.3.3 微信小商店变现

微信小商店一直以来都存在于微信小程序当中，是微信为了实现微信内电商业务的自主经营而开发的一款小程序，可以帮助商家免开发、零成本、一键生成卖货终端。借助微信小商店，可以进一步降低小程序的生态经营和卖货门槛，让所有的中小微商家和个体创业者都能够快速拥有一家属于自己的店铺。开通微信小商店的商家不需要另外申请微信支付商户号，在完成开店任务后即可上传商品。开店的流程也非常简单，打开微信小商店的小程序，点击"免费开店"引导选项，申请开店时需要选择小商店类型，支持企业、个体、个人零门槛开店，企业类型小商店需要使用营业执照认证，个人小商店只需要上传身份证信息，就可以开店上传商品了。我在 2020 年 7 月视频号刚 To C 发布时就做出过预判，为了完成视频号的商业化，微信很快就会打通视频号和微信小商店的通道。果不其然，现在这个通道已经被打通了。点击进入视频号个人号中心，点击右上角设置图标就可以看到关联入口（见图 4）。

点开"我的商店"，就会看到图 5 这样的提示，如果你在之前就已经开通了自己的微信小商店，只需要绑定关联微信小商店小程序即可。没有开通小商店也没有关系，只需要点击"免费开店"就可以根据引导进行开通。然后就可以通过微信小商店发起直播，进行带货。

图 4

图 5

　　这是视频号＋微信小商店的变现模式。除此之外，微信小商店还有一个自己的变现模式，那就是通过小程序直接进行分销变现。不过这个严格来说并不属于视频号变现的范畴。我们在这里不做过多的阐述。微信小商店到底能够在视频号新手玩家身上展现出什么样的变现效果？视频号实战训练营里一位名叫何燕的小伙伴在给我的留言里这么说："跟着萌姐学习视频号并开通了微信小商店以来，彻底帮我实现了从一个传统实体店成功转型到线上商店的梦想，也把店里所有产品放在了微信小商店里销售，第一个月微信小商店就实现了三次提现，一次提现一万的销售业绩，目前小店进入第二个月，短短 19 天的时间里，已经提现三万，对于曾经辛辛苦苦经营实体批发的我来说，这一次的成功转型无疑给了我更多的可能性。"

视频号的变现功能现在变得越来越强大，关于视频号变现的模式每种说法各有不同。但是若说到视频号变现的本质，无非就是要成交。而要成交就必须有商品，从这个角度来看，想要使视频号实现变现的人无非三种——拥有有形产品，即有货的人；拥有无形产品，即有课的人；还有一种人既没有货也没有课。但视频号对新人是非常友好的，这种友好当然也会体现在变现上，所以不管是哪种类型的新人，视频号都为他们准备好了变现的模式。上面我们分享的就是适合新人的三种不同的变现模式，接下来我们要做的就是找到适合自己的变现模式，并坚定不移地去践行。

扫码关注视频号
"张萌"

一年百场直播陪你快速升级

扫码或搜索 zhangmengmj
关注微信公众号
"张萌萌姐"

回复"视频号"
即可获得
"萌姐独家视频号秘籍"

图书在版编目（CIP）数据

引爆视频号：打造个体经济时代的核心能力 / 张萌
著 . — 北京：北京联合出版公司，2021.4
ISBN 978-7-5596-5148-8

Ⅰ . ①引… Ⅱ . ①张… Ⅲ . ①网络营销 Ⅳ .
① F 713.365.2

中国版本图书馆 CIP 数据核字（2021）第 049896 号

引爆视频号：打造个体经济时代的核心能力

作　　者：张　萌
出 品 人：赵红仕
责任编辑：夏应鹏
封面设计：魏　魏

北京联合出版公司出版
（北京市西城区德外大街 83 号楼 9 层　　100088）
天津旭丰源印刷有限公司　　新华书店经销
字数 127 千字　880 毫米×1230 毫米　1/32　印张 7
2021 年 4 月第 1 版　　2021 年 4 月第 1 次印刷
ISBN 978-7-5596-5148-8
定价：55.00 元
